KB124881

고객 거절을 OK로 만드는

실전 대화법

보험 궁금증 달인에게 물어보세요 4

고객 거절을 OK로 만드는 실전 대화법

김동범 지음

중앙경제평론사

고객의 거절을 클로징으로 이끄는 기술

"어떻게 하면 고객의 거절을 효과적으로 처리하여 클로징으로 이끌 수 있을까?"

보험이 생활화되었지만 보험상품의 생태학적 특성상 고객이 자발적으로 가입하는 경우는 그리 많지 않다. 일반 상품은 그 자체만으로도 고객의 관심을 어느 정도 끌 수 있지만 무형의 신용상품으로 내용이 매우 복잡한 보험은 반드시 고객의 니즈를 환기해 원츠(Wants) 욕구를 이끌어내야 한다. 따라서 고객의 문제점을 해결하는 깜냥과 심미안을 갖고 세일즈 프로세스에 입각한 현장 실전화법을 익혀 자유자재로 응용할 줄 알아야 한다.

특히 실패와 좌절 끝에 성공의 자락을 움켜쥔 보험컨설턴트들의 체험에서 우러난 검증된 실전 응대화법을 몸소 익혀 내 것으로 만든 다음 고객을 만나야만 말씨가 올바로 움터서 계약체결이라는 탐스러운 열매를 맺을 수 있다. 고객의 특성에 가장 알맞은 맞춤형 실전화법의 전개는 세일즈 성공의 기본전략과 전술로써 고소득자로 부상하는 시금석이다. 고객의 거절을 클로징으로 이끌어주는 영업현장에서 검증된 실전 공감화법은 최고의 세일즈 무기다.

이 책은 보험컨설턴트가 영업에 자신감을 갖고 현장 상황에 맞는 실전 공감화법을 시의적절하게 전개하여 판매성과를 극대화할 수 있도록 TOP FC들의 소중한 노하우가 담긴 현장화법 가운데 최대공약수를 산출하여 만든 보험 거절고객 응대화법 실전로드맵이다.

보험세일즈와 리크루팅시 고객의 거절을 어떻게 처리해야 클로징으로 이끌 수 있는지 그에 필요한 알토란같은 맞춤형 고객 거절 응대화법을 집중 조명하여 모두 실었다.

꼭지별로 고객의 심리를 분석하면서 효율적인 공략방법을 제시한 Selling Point, 고객에게 반감을 사지 않으면서 순간 기지를 발휘해 현장에서 즉시 고객의 거절을 유효적절하게 처리할 수 있는 재치화법, 고객의 거절을 이해하면서 고객 감정을 순화해 심층적이고 합리적으로 응대할 수 있는 설득화법으로 구분하여 자세하게 표현했다.

보험세일즈에는 지식보다 현장 실전기술이 중요하다. 상품내용을 충분히 숙지해도 고객 앞에서 마음에 와닿도록 제대로 설파하거나 거절시 적절히 설득력 있게 응대하여 처리하지 못한다면 무용지물이다. 모쪼록 이 책의 내용을 잘 익혀 상담 전부터 예상되는 고객의 거절에 대응하는 실전화법을 철두철미하게 준비하여 고객의 거절을 능수능란하게 처리하고, 거절을 오히려 자연스럽게 계약으로 연결하는 현장 응용능력을 발휘해 큰 판매성과를 도출함으로써 고소득을 지속적으로 가져오는 기쁨과 행복을 누리길 기대한다.

김동범

차 례

PART 3
구실 · 핑계형 고객 거절처리화법 Action Planning

PART 4
보험가입 불필요형 고객 거절처리화법 Action Planning

PART 7
불안심형 고객 거절처리화법 Action Planning

PART 8
클로징시 거절처리화법 Action Planning

부록
리크루팅시 거절처리화법

가정환경으로 말미암은 거절응대화법

체면과 오해로 말미암은 거절응대화법

불안정으로 말미암은 거절응대화법

고객의 거절을 OK로 만드는 기술

세일즈는 거절과의 싸움이다.
거절을 극복하는 보험에이전트만이 성공 대열에 낄 수 있다.
거절 처리 기술을 익히고 또 익혀라.

버트 팔로(Bert Palo)

거절고객의 굳게 닫힌 마음의 문 10

거절할 게 뻔해도 뻔뻔하게 방문하는 프로가 돼라

야구경기에서 타자가 공을 친 다음 1루로 힘껏 달리는 것은 기본이다. 그런데 이 기본을 망각하고 아웃이다 싶으면 천천히 뛰거나 아예 달리지 않는 선수도 있다. 어떤 선수는 공이 잡힐 것이 뻔한 데도 1루까지 힘껏 달린다. 1루까지 늘 최선을 다해 달리는 선수와 공이 잡힐 것 같아 천천히 가는 선수 가운데 누가 야구선수로 성공할까?

당연히 1루까지 전력 질주하는 선수가 성공한다. 최고 선수가 경기하는 모습을 보면 알 수 있다. 1루에서 아웃될 줄 뻔히 알면서도 혼신을 다해 달리는 것은 혹시라도 상대팀이 실수할 수 있다는 가정과 무조건 최선을 다해야 매너리즘에 빠지지 않고 다음에 공을 잘 칠 수 있다는 프로정신의 소산이다.

보험영업도 마찬가지다. 고객을 처음 만나 클로징까지 이르게 할 확률은 그다지 높지 않다. 당연히 거절을 많이 당한다. 그렇다고 고객 만나기를 주저하면서 필드로 나가길 꺼린다면 성공은 따라오지 않는다. 고객이 거절하더라도 일기당천의 강한 의지로 끊임없이 돌진하는 프로 정신을 발휘해야 한다. 그러면 언젠가 거절의 벽을 넘어 고객면담이라는 1루를 밟고, 고객상담이라는 2루까지 이르며, 클로징이라는 3루를 지나 계약체결의 방점인 홈까지 밟게 된다. 프로야구 선수가 아웃될 게 뻔한 데도 1루를 향해 달리듯 고객의 거절이 눈앞에 보이더라도 계속 방문해 고객 마음을 두드려야 한다. 이것이 일을 향한 열정과 집념이며 성공의 방점이다. 거절할 게 뻔해도 방문하는 것이 보험세일즈의 기본 원칙임을 명심하자.

TOP은 더 많은 거절 경험을 극복한 사람들

보험영업을 50년 넘게 하면서 자기 성공담을 한마디로 표현해 "판매는 거절을 당했을 때부터 시작된다(Sale Begins When the Customer Says NO!)"라는 유명한 명언을 남긴 엘머 레터맨(Elmer Leterman)은 "고객에게 한 번도 거절당하지 않고 물건을 판매했다면 그것은 어떤 의미에서는 완전판매가 아니다"라고 했다. 보험영업은 거절을 먹고 사는 유기물 같다는 기본 인식을 갖고 필드에 나가 활동해야 한다는 사실을 일깨워준다.

보험에이전트로 세계적 대부호인 폴 마이어(Paul J. Meyer)는 27세라는 젊은 나이에 전무후무한 신계약고를 올려 억만장자가 되었다. 그런데 그도 새내기 시절에는 수없이 거절을 당했다. 한 고객에게는 무려

130번 거절당했지만 결국 보험을 판매하는 끈질긴 집념을 보였다. 그가 이렇게 보험영업에 열중하며 고객을 공략한 이유는 보험에 애착을 갖고 세일즈에 인생을 걸었기 때문이다. 그는 여기서 성공하지 못하면 다른 어떠한 직업을 구해도 마찬가지라는 생각에 늘 자신이 벼랑 끝에 있다고 여기면서 세일즈에 임했고 그 결과 고객의 어떠한 거절도 당당하게 극복해낼 수 있었다.

전 세계에서 보험영업을 가장 잘하는 커리어우먼으로 회자되는 시바타 가즈코(芝田和子)도 거절을 수없이 당했다. 한 고객은 맨 처음 거절을 당한 뒤부터 무려 30년이 지나서야 보험에 가입시켰다. 처음 만난 고객이 30년 뒤 계약할 때까지 얼마나 많이 거절했겠는가? 그녀는 보험영업에 확고한 신념과 거절 노하우를 터득하였기에 이를 극복하고 톱으로 우뚝 설 수 있었다.

미국의 보험세일즈 왕 게리 시츠만(Gary Sitzmann)은 "내가 고객에게 보험상품을 판매하려고 할 때 결코 극복할 수 없는 한 가지 거절이 있는데, 그것은 바로 고객이 자기 가족을 돌보는 데 관심이 전혀 없는 경우다"라고 했다. 따라서 고객의 거절은 그 자리를 회피하기 위한 수단이라고 생각하면서 철저히 무장한 다음 대시해야 한다.

거절은 자기발전을 위한 기회

세계적으로 유명한 톱세일즈맨은 모두 고객의 거절을 두려워하기보다 오히려 자기발전의 원동력으로 삼고, 재방문할 때는 한층 업그레이

드된 세일즈스킬로 접근하려는 강한 프로 근성을 보여주었다.

실제로 기존계약 중 거절당하지 않고 즉시 체결된 계약을 분석해보면 수많은 거절 끝에 이루어진 계약은 잘 유지된다. 하지만 쉽게 체결된 계약은 상대적으로 잘 유지되지 않음을 알 수 있다. 이는 공들여 일군 결실에는 그에 따른 대가를 반드시 지불해야 한다는 고진감래 법칙이 고스란히 담긴 영업철칙이 적용되기 때문이다.

고객이 거절을 아무리 많이 하더라도 끊임없이 방문해 구매심리를 자극하는 것, 고객의 거절을 자기 능력을 향상하는 시금석으로 삼는 것, 언제나 프로십을 발휘하는 최선의 노력을 하는 것은 고객의 거절을 극복하고 계약체결이라는 소중한 씨앗을 심는 역동적 과정이다.

거절을 자기가 발전할 수 있는 기회로 만들자. 지금부터 만나는 모든 사람이 거절할 것으로 여기면서 영업에 임하며 관련 화법을 익히자. 그래야 속이 편하고 게을러지지 않는다. 판매에는 저항(거절, 두려움, 망설임)이 따르는 것이 자연스러운 일이라고 이해하는 열린 자세가 중요하다. 특히 아래에 제시했듯이 고객이 거절할 경우 강하게 제기되는 10가지 굳게 닫힌 마음의 문을 열어 대화의 문으로 들어오게 하는 컨설팅 능력과 재치있는 응대요령 및 설득 기술이 필요하다.

고객이 거절할 때 굳게 닫힌 마음의 문 10가지

1. '또 무엇을 팔러 왔나?' 하는 의구심
2. '나에게 도움이 되게 권하는 것일까?' 하는 의심

3. 지금 할 일도 많은데 불쑥 찾아와 방해된다는 귀찮음
4. '정말 이 세일즈맨을 신뢰할 수 있는가?' 하는 궁금증
5. 세일즈맨은 자기 이익을 먼저 생각하며 접근한다는 오해
6. '정말 확실히 믿을 수 있는 상품인가' 하는 불신감
7. 세일즈맨의 일방적 권유에 넘어가지 않으려는 자존감
8. 세일즈맨에게 하도 속아서 이젠 믿지 않으리라는 저항심
9. 보험은 해약하면 손해를 많이 봐서 후회한다는 선입감
10. 담당 컨설턴트로서 끝까지 올바로 사후서비스를 해줄지

보험을 팔기 전에 먼저 보험약관을 처음부터 끝까지 샅샅이 읽어라.
그것을 흡수하는 데 시간이 얼마나 걸리든 상관없다.
고객에게는 물론 변호사나 회계사에게도 자신 있게 말할 정도가 되어야 한다.

- 게리 시츠만(Gary Sitzman)

고객접근시 거절처리화법 전개요령

시작이 반이라고 접근단계부터 거절을 극복하지 못하면 계약체결에 이르기는 불가능하다. 첫인상을 좋게 해서 거부감을 나타내지 않도록 조심하면서 고객설득 방법을 모색한다. 특히 즉시 보험에 가입하라는 것이 아니라 단지 보장플랜에 대해 이야기하고 싶다는 뜻을 먼저 전달한다.

고객은 보험컨설턴트가 보험에 가입하고 싶어하는 사람이나 보험을 권유할 사람만 만나려 한다고 생각하기 때문에 관심을 가질 수밖에 없다. 따라서 고객이 안심할 수 있도록 만나는 목적을 미리 전달해야 한다.

보험이 어느 정도 생활화되어 인식이 좋아졌지만 그래도 고객의 생명과 재산을 담보로 장래 불확실한 시기에 가입효과를 나타내는 무형의 신용상품인 보험에 자발적으로 가입하는 고객은 아직 드물다.

접근 단계에서 발생하는 거절은 보험상품과 회사 이미지 및 보험컨설턴트와 고객의 인간관계에서 비롯되는 경우가 많다. 이때의 거절은 고객이 습관적으로 나타내는 거짓거절과 감정적으로 나타내는 진정한 거절 등으로 구분되므로, 고객의 반론을 질문으로 전환해 진의를 확인하면서 심중을 헤아리는 기술이 필요하다.

접근화법을 전개할 때는 먼저 고객이 듣고 싶어하고 원하는 것을 파악하는 화법을 전개한다. 그리고 공감대를 형성할 화제를 찾아 풀어나가 고객이 어떻게 생각하는지 질문하면서 호감도와 친밀도를 높인다.

고객이 여러 핑계를 대면서 거절할 때는 '바로 그런 이유 때문에 보험이 필요하다'고 외치는 명백한 증거라고 자위하면서 진위를 정확히 파악한다. 고객의 거절에 지나치게 신경 쓰지 말아야 한다. 먼저 거절부터 하고 보는 고객이 많으므로 쉽게 물러나거나 논쟁해서는 안 된다. 계약체결의 키포인트는 바로 고객의 마음이기 때문이다. 보험가입을 권유하러 고객을 방문한 이상 고객은 왕이다.

그렇다고 너무 저자세를 보이면 오히려 역효과가 난다. 전문가의 당당함을 견지하면서 의사가 환자를 진찰하듯, 선생이 학생을 상담하듯 컨설팅한다.

보험에 대한 고객의 다양한 니즈를 파악하면서 고객이 가정의 재무설계에 대해 어떻게 생각하고 무슨 계획을 세우고 있는지 알아내는 것이 제일 중요하다.

고객의 현재 상황을 재빨리 잡아내 그에 맞는 설득화법을 활용한다. 고객은 보험컨설턴트가 방문해 가입을 권유하기 때문에 거절 구실을 찾는 것이므로, 질문화법으로 고객의 반응과 심리 상태를 잡아내 거절하지 못하게 선수를 친다.

맨 처음 접근할 때는 개괄적으로 분위기를 파악하는 것이 바람직하다. 특히 첫 방문에서 첫인상이 앞으로 고객과의 인간관계를 결정짓는 변수로 작용할 여지가 많으므로 고객이 거절해 당황스럽더라도(또는 불쾌하거나 자존심에 상처) 겉으로 내색하지 않고 오히려 해맑은 미소로 대하는 마음자세와 행동가짐이 필요하다. 그러면 저절로 마음이 편해져 거절을 적절히 처리할 수 있는 슬기로운 지혜를 발휘해 좋은 성과를 가져올 수 있다.

상담시 거절처리화법 전개요령

상담단계는 고객에게 무난히 접근해서 방문했는데, 거절당하고 물러서느냐 아니면 잘 설득하여 판매에 성공하느냐를 결정짓는 고비다. 상담할 때는 고객이 거절하지 못하게 선수를 치는 것이 가장 중요하다. 고객과 친밀감 있게 대화하면서 거절이 나오기 전에 미리 대응하는 자세가 효과적이다.

그리고 단순한 거절인가, 진심으로 하는 거절인가, 그냥 적당히 둘러대는 것인가 등 고객의 반응을 예의주시하면서 유효적절하게 대처한다. 상품설명을 들은 고객이 반응이 없거나 필요없다고 거절할 때는 더 진지하게 거절 원인을 찾아내어 대처한다.

상담할 때 거절처리화법은 ① 구실 · 핑계형 고객의 거절처리화법, ② 불필요형 고객의 거절처리화법, ③ 불가능형 고객의 거절처리화법, ④ 불신(오해)형 고객의 거절처리화법, ⑤ 불안심형 고객의 거절처리화법 등 총 다섯 가지로 분류할 수 있으며 모든 거절은 이 범주에 들어간다. 이 시기는 고객이 보험컨설턴트를 어느 정도는 알지만 위에 제시한 사유들로 가입을 거절하는 것이므로 보험의 필요욕구, 현장상황과 고객형편, 경제사정 등을 다각적으로 고려해 알맞은 응대화법을 구사한다.

거절을 효과적으로 처리하려면 고객에게 보험의 가치와 효용성을 강하게 어필하는 것도 필요하다. 특이혜증기법을 철저히 익혀 상황에 맞게 니즈와 원츠 욕구를 불러일으키는 화법을 전개한다. 고객의 감정과 기분을 살피고, 고객 말을 주의 깊게 듣고 대화가 잘 전개되게 분위기를 조성하면서 공감대를 형성한다. 고객의 거절에 민감하게 반응하는 것은 절대 금물이다.

이러한 저항이 없다면 전문컨설턴트의 서비스는 거의 필요하지 않다. 고객이 재정적 니즈를 쉽게 인식하지 못하고 보험상품을 이해하지 못하기에 이러한 저항과 어려움이 따른다. 고객의 거절이 있기에 보험컨설턴트가 되려는 사람이 적고 FC의 보수가 높은 것이다. 이를 극복해야 원하는 라이프스타일을 즐길 수 있다고 인식하는 패러다임이 따라야 진정한 프로가 될 수 있다. 보험세일즈의 방점인 계약체결 여부는 고객의 거절이 아니라 고객을 대하는 FC의 태도가 가장 크게 영향을 미친다는 사실을 유념하자.

보험에이전트는 고객 가정의 장래가 보험컨설턴트에게 달려 있다는 사명감을 갖고 일해야 한다. 불행으로부터 고객과 그 가정을 보호할 매주 중요한 역할을 담당하기 때문이다. 이 사실을 잊으면 안 된다.

- 알 그래넘(Al Granum)

클로징시 거절처리화법 전개요령

계약을 체결할 때 거절처리 응대화법은 공든 탑을 완성하는 화룡점정 과정의 마무리 단계다. 고객이 보험의 필요성을 어느 정도 인식했지만 가입을 망설이고 꼬투리(?)를 잡으면서 거절할 때 계약체결에 이르도록 공감하게 하며 설득하는 기법이다.

아무리 철저히 준비하고 프레젠테이션을 잘했더라도 고객이 청약서에 사인하지 않으면 무용지물이다. 접근단계와 상담단계에서 호감을 샀고 상품설명도 잘해서 고객이 긍정적 반응을 보였는데도 정작 계약체결 단계에서 결정을 미루는 바람에 애간장을 태우는 경우가 있다.

체결단계까지 오면 고객과의 친밀도가 높아져 인간관계도 원만해졌을 것이므로 불안요소를 제거하면서 니즈를 재환기해 가입의 혜택과 이점을 강조한다. 그리고 제시한 상품이 최적의 상품이라서 가입하면 이익(부가가치)을 가져다준다고 확신하게 함으로써 곧바로 원츠 욕구를 불러일으켜야 한다.

이 시기 고객이 가입을 망설이는 것은 고객 책임이 아니라 자기 탓임을 인정하면서 고객이 결심할 결정타를 제시해야 한다.

클로징은 논리적으로 머리에 호소하기보다 감정적으로 가슴에 어필해야 훨씬 효과가 있다. 상황에 따라서는 계약체결을 향한 문을 강하게 열고 들어가야 한다. 이때 고객의 마지막 거절에 감정을 상하지 않게 가장 효과적으로 처리해야 한다.

고객은 겉으로는 거절하는 것 같지만 내심 하고 싶어하는 경우도 있다. 고객이 '가입하겠다'고 차마 말하지 못하는 경우를 염두에 두고 그럴듯한 정보를 제공하며, 공포효과를 심으면서 갈고리 화법으로 매듭지어야 한다. 이때 내 이익을 앞세워 고객을 설득하면 안 된다.

보험컨설턴트가 진심으로 나와 가족을 염려하고 도움이 되려고 애쓴다는 진정성을 느끼게 컨설팅해야 한다는 사실을 유념한다. 재촉하거나 강압적인 태도를 보이지 말고 고객이 계약체결을 기정사실로 받아들이게 분위기와 화법을 침착하게 연출해야 한다. 계약이 성사되면 감사하다는 인사와 함께 제3자 소개도 꼭 부탁한다. 이때 제3자가 개입하지 못하게 장소를 잘 선정한다.

망설이는 고객에게는 고품격 클로즈기법으로 마무리

니즈환기를 넘어 원츠환기까지 해서 가입의사를 표출한 고객이 뜸을 들이는 경우가 있다. 원츠환기를 시도해도 고객이 가입을 망설일 때는 클로즈(CLOSE)기법으로 의사결정을 유도한다.

클로즈기법은 클로징 단계에서 완전판매를 하기 위해 마지막으로 묻는 다섯 가지 질문법으로 ① 고객에게 가입자격을 재확인하면서(Can you quality?) 제안한 재무플랜 가운데 선택하게 하는 방법(Choice), ② 생사는 불가항력임을 알리는 방법(Live or Die), ③ 가장으로서 가족사랑 책임을 묻는 방법(Obligation), ④ 가입해야 하는 진짜 이유를 찾아내는 방법(Seek the hidden objection), ⑤ 마지막 종결을 위해 고객이 구매욕구를 유발하게 실례를 드는 기법(Example)을 말한다.

클로즈기법의 순서에 맞춰 적절하게 질문하면서 자기가 의도한 대로 고객의 반응을 이끌어낼 수 있다면 고객을 클로징 관문으로 더 쉽게 들어서게 할 수 있다. 이때 고객의 성향을 파악하며 클로즈기법을 효율적으로 전개하기 위한 질문화법을 숙지하고 시뮬레이션하는 것이 선결조건이다.

지금부터 고객의 거절, 즉 보험컨설턴트가 제안한 상품에 거부반응을 보이는 사유와 그 이면에 숨은 고객의 진짜 거절 이유, 고객이 진실로 바라는 요구사항은 무엇인지 살펴보면서 그에 따른 응대화법을 가장 적절하게 구사하는 실천로드맵을 알아보자.

4명에게 권총을 주고 실탄을 1정만 장착했다고 설명한 뒤 동시에 방아쇠를 당기라고 해보자. 방아쇠를 당기기 직전에 보험에 가입하라면 망설이는 사람이 얼마나 될까.

\- 버트 팔로(Bert Palo)

TA 시 고객 거절처리화법

Action Planning

TA 때 FC 방문이 귀찮아서 무턱대고 거절부터 하는 경우도 있다.
정말 바쁠 때 누가 전화 걸면 싫고 귀찮으므로,
이럴 때는 고객 마음을 감싸는 화법 전개가 필요하다.

자료만 보내달라

응대화법 Action Planning

- 예, 그러면 보내드리겠습니다. 하지만 ㅇㅇ님에게 알맞은 정보자료를 드리는 것보다 한 번 만나 뵙고 자세히 설명하는 편이 훨씬 도움이 되실 겁니다. 가입하신 모든 보험에 대한 증권분석도 겸해서요.
- 물론 그렇게 할 수도 있습니다. 하지만 고객마다 라이프스타일과 상황이 다르기 때문에 모든 분께 같은 자료를 보내드리는 것은 의미가 없습니다. 특히 보험은 인생 트렌드에 맞춘 맞춤계획이 필요하기 때문입니다. 전문컨설팅을 받아보셔야 합니다. 제가 만나 뵙고 말씀드리고 싶습니다.
- 물론 안내정보를 보내드리겠습니다. 그러나 이 자료가 도움을 많이 드리지는 못할 겁니다. 맞춤양복같이 고객 개개인에게 맞춰 재무플랜을 짜야 하거든요. 그래서 만나 뵙기를 원하는 겁니다.
- 네! 전화로 말씀드려도 괜찮겠지만 제가 드리는 정보는 직접 말씀

드리는 것이 더욱 효과적입니다. 20분쯤이면 충분하니까 부담 갖지 마시고 차 한잔하는 기분으로 만나주세요. 내일 오후 ○시에 찾아뵈면 어떨까요?

- ○○님! 우편으로 보낼 수도 있습니다. 하지만 ○○님에게 실질적으로 도움이 되게 하려면 직접 만나서 말씀드리는 것이 아주 중요합니다. 상담 업무를 하다보니까 직접 뵙고 말씀드리는 것이 이해가 더 빠르더라고요.
- 물론 안내정보를 보내겠습니다. 그런데 간접투자상품인 변액보험은 단순한 상품이 아니라 펀드로 운용되는 복잡한 실적배당형 다목적 상품이기 때문에 저처럼 판매자격증이 있는 전문가가 세밀하게 말씀드려야 이해하실 수 있습니다. 특히 이 상품은 단순히 가입하는 것이 아니라 ○○님 가정의 재무분석을 먼저 한 다음 안정적인 자산형성을 위한 자산포트폴리오 차원에서 추진해야 합니다.

그리고 생활상의 위험을 헤지(Hedge)하는 방법 또한 개개인의 상황, 구체적으로는 인생 4L(Life Cycle, Life Style, Life Stage, Life Scale)에 따라 다르기 때문에 더 많은 보장혜택을 받고 보험료 누수를 예방하려면 재무컨설팅을 받은 다음 적합한 상품을 선택해 가입해야 합니다. 더구나 이 ○○상품은 한 번 가입하면 ○○년 동안 유지해야 할 장기상품임을 아실 거라고 생각합니다. 그런 상품을 선택하는데 정보자료만 보내드린다면 저는 고객들에게 재무컨설팅을 못하는 사람으로 낙인찍히는 것과 같습니다. 그래서 먼저 만나 뵙기를 청하는 겁니다.

무엇 때문에 그러는가

도대체 무슨 내용인데 그러는가, 무엇에 대해 알려고 하나?

응대화법 Action Planning

- ㅇㅇ님 가족의 (사업 등) 재무플랜에 도움이 될 정보를 전해드리려고 합니다. 직접 뵙고 몇 가지 자료를 보여드리면서 자세하게 설명하고 싶습니다.
- ㅇㅇ님같이 사업(상황에 따라 적절히 조정 피력)하시는 분께 도움이 되는 정보를 드리기 위해서입니다. ㅇㅇ님께서도 대단히 만족하시고 소개해주셔서 이렇게 전화드리는 겁니다.
- ㅇㅇ님 댁에 가장 알맞은 재무플랜을 해드리려면 반드시 현재 가입하고 계신 보험의 증권분석이 필요하고 또 가계자산에 대한 포트폴리오 상황을 알아야 하기 때문입니다.
- 제가 하는 사업은 ㅇㅇ님의 내일(미래)의 행복을 보장하는 겁니다. 가계자산에 누수가 발생하지 않도록 가정 행복플랜을 제안하려고 합니다.

- 저는 단순히 ○○님께 보험상품을 권유하기 위해 만나 뵈려는 것이 아닙니다. 제가 ○○님을 만나 뵙는 것은 월 보험료가 얼마짜리 되는 보험상품에 가입하라는 것이 아니라 ○○님과 가정에 무엇이 있어야 더 안정되고 행복한 생활이 영글지 인생재테크 기반 구축에 필요한 재무정보를 제공해드리려는 겁니다. 보험은 그다음에 권하는 하나의 대안이므로 저를 만나는 데 절대 부담 갖지 마십시오. ○○님께서 저를 만나는 우선순위는 ○○님을 위한 제 인생재테크 서비스가 정말로 도움이 되는지 안 되는지를 ○○님께서 판단하는 겁니다. 그럼 제가 찾아가 뵈어도 되겠죠!
- 제 일(사업)은 돈을 전달하는 사업입니다. 저는 ○○님께서 월급을 못 가져다주는 상황이 생겼을 때 ○○님 가족에게 돈을 전달하는 일을 할 겁니다. 제 사업을 설명할 기회를 주십시오.
- 제가 전화드린 이유는 ○○님 생애 전반에 걸친 인생재테크를 완성하기 위해 조언해드리기 위해서입니다. 아마 ○○님께서는 인생재테크가 다소 낯설 겁니다. 저금리 100세 장수시대에 인생재테크는 선택이 아닌 필수입니다. 그래서 제 전문지식을 제공하면서 삶이 더 알차게 영글 수 있게 재무컨설팅을 하려는 겁니다. 저는 저와 인연을 맺은 모든 분의 삶이 알차게 영글 수 있게 인생재테크를 해드리고 싶습니다. 이것이 바로 제가 전화한 이유입니다. ○○님! 만나서 자세히 말씀드리고 싶습니다. 저를 만나면 ○○님께서 인생재테크를 하는 데 분명히 도움이 될 겁니다.
- 제가 하는 일은 고객분들의 인생 4L을 토대로 생애에 걸쳐 종합적

으로 재무관리를 해서 인생재테크가 영글도록 재정컨설팅을 해드리는 겁니다. 재정상태를 분석하고 가장 적합한 인생재테크 플랜을 수립할 수 있게 제안하는 겁니다. 많은 분이 제 재무컨설팅을 받으시고 도움이 되었다고 말씀하셨습니다. 그리고 현명한 선택을 하셨습니다. ○○님께 제가 제공하는 인생재테크 정보는 ○○님이 가계자산을 효율적으로 운용하는 데 도움이 될 것이라고 판단합니다. ○○님께서 저를 만나 재무서비스를 받으시면 충분히 만족하실 겁니다. 완전히 다른 종합 재무컨설팅서비스를 받아볼 수 있기 때문입니다. ○○님의 소중한 자산에 재무컨설팅을 해서 ○○님과 가정을 더 행복한 미래로 이끌고 싶은 마음으로 찾아뵈려고 합니다.

방문하는 것 자체가 그냥 싫다

만나고 싶지 않다. 관심 없다. 괜히 시간 낭비하지 마라. 더 필요 없다.

자꾸 전화하지 마라. 귀찮다. 당신 시간 낭비다.

응대화법 Action Planning

- ○○님, 보험이 더 필요 없다고 하는 말씀 이해합니다. 하지만 당장 필요 없더라도 제가 드리는 말씀은 실생활에 도움이 될 겁니다.
- ○○님 가족에 관해 말씀드리고 싶습니다. 지금 당장 시간을 내달라는 것이 아니라 잠깐이라도 편한 시간대에 뵙고 싶습니다.
- ○○님, 이 아이디어가 크게 도움이 될 겁니다. 제가 제안하는 인생 재테크에 대한 아이디어를 들으면 많은 도움이 되실 겁니다.
- 왜 거절하는지 잘 알겠습니다. 하지만 절대로 부담 갖지 마시고 한 번 뵈었으면 좋겠습니다. 실망시키지 않겠습니다. ○일 ○시에 찾아뵐까요? 아니면 △일 △시에 찾아뵐까요? 편한 시간대를 정해주세요.
- 지금 ○○님께 두 가지 약속을 하겠습니다. 첫째, ○○님을 처음 뵈었을 때 어떤 상품도 권유하지 않겠습니다. 둘째, ○○님께서 원하

지 않는다면 또 찾아뵙겠다는 요청을 하지 않겠습니다. 이러면 만나주실 수 있죠?

- 저는 한 가정의 인생 4L에 맞추어 생애 필요자금과 준비자금을 분석하고 그에 따른 부족자금을 산출해 그 가정에 가장 알맞은 재정안정플랜을 제안하는 보험전문가입니다. 만나보시면 ㅇㅇ님의 인생재테크 완성에 정말 도움이 많이 되실 겁니다.

보험은 아예 관심 없다

전혀 관심(흥미) 없다! 보험은 정말 싫다. 필요 없다. 괜히 헛고생하지 마라.

응대화법 Action Planning

- 그러세요. 생각은 바뀔 수 있으니까요. 언제가 편하십니까? 나중에 다시 연락하면 어떻겠습니까?
- ㅇㅇ님께서 보험이 필요하다고 느낄 때는 무엇을 주더라도 가입할 수 없습니다.
- ㅇㅇ님께서 지금 이 보험에 가입하시든 안 하시든 가족 중 누군가는 그 결과에 책임져야만 합니다.
- 보험을 싫어하신다니 참 아쉽습니다. 그런데 오해하고 계신 분이 많더군요. ㅇㅇ님의 오해도 풀어드릴 겸 만나 뵈었으면 하는데요.
- 1900년대 초 건조 당시 세계에서 가장 큰 배였던 타이타닉호가 침몰될 줄 예상한 사람은 아무도 없었지만 그 배에는 구명보트가 필수적으로 준비되어 있었습니다.
- 사람들은 가족 구성원이 누구보다 오래 살 것으로 생각하고 보험에

들지 않습니다. 그러나 그러한 생각이 가족을 위험한 상태로 방치한다는 사실을 잘 모르고 있습니다.

- 한번도 보지 못한 것에 관심이 없으시리라는 것을 충분히 이해합니다. 그러나 ○○님께서 제가 제안하는 재무플랜을 공정하게 판단하실 수 있도록 15분을 함께하기를 원합니다. 월요일 ○○시가 좋겠습니까? 아니면 수요일 ○○시가 더 편하겠습니까?

너무 바빠 시간이 없다

지금 매우 바쁘다.

응대화법 Action Planning

- 예, 그렇습니까? 그러면 ○○님 형편이 좋을 때 찾아뵙고 설명하겠습니다.
- 많이 바쁘시군요. 그래서 그냥 방문하는 것보다 이렇게 약속을 먼저 하고 ○○님이 편한 시간대에 찾아뵈려고 합니다(하는 겁니다).
- 예, 많이 바쁘시군요. 그만큼 할 일이 많으면 좋은 거지요. 그래서 그냥 찾아뵙기보다 먼저 방문약속을 하고 만나 뵈려고 하는데요. ○일 ○시에 찾아뵐까요? 아니면 △일 △시에 찾아뵐까요?
- ○○님이 무척 바쁜 사람이라는 것을 충분히 이해합니다. 그래서 직접 방문하지 않고, 면담약속을 하려고 전화한 겁니다. 월요일 ○○시가 편하겠습니까? 아니면 수요일 ○○시가 편하겠습니까?
- 아, 그러십니까? 저는 ○○님같이 고객님이 바쁘다고 하실 때 가장 행복합니다. ○○님같이 유능한 분이 바쁘지 않다면 오히려 이상한

거지요. 그런데 ○○님, 하루가 몇 분인지 아십니까? 하루 1,440분 중 20분 투자로 인생을 보는 눈이 바뀐다면 20분을 투자하시겠습니까? 20분이 ○○님 평생 안정된 삶을 보장하는 초석이 될 수도 있습니다.

- 그래서 찾아뵙기 전에 먼저 전화드리는 겁니다. 성공한 사람들은 대부분 업무 때문에 매우 바쁘지만 가족의 미래를 진지하게 생각할 시간을 갖기는 쉽지 않습니다. 그래서 제가 바쁜 ○○님을 대신해서 ○○님 가족의 안정된 미래 청사진을 제시하고 싶습니다.
- 아, 네. 많이 바쁘신가봅니다. △△님도 ○○님께서 매우 중요한 일을 담당하는 분이라서 무척 바쁠 거라고 말씀하시더군요(소개를 받아 전화할 경우). 그런데도 제가 전화한 이유는 보험 가입을 권유하기 위해서가 아닙니다. ○○님께서 편하신 시간에 방문하여 △△님께서도 매우 만족하게 생각하셨던 정보자료를 전해드리고 간단하게 몇 말씀 나누기 위해서입니다. 제게 20분만 내주십시오.
- ○○님과 같이 유능한 분을 만난다는 것 자체가 제겐 큰 영광이라고 생각합니다. 그래서 직접 방문하지 않고 면담 약속을 하려고 전화한 겁니다. ○○님, 단순한 만남이 아닌 좋은 인연으로 만들어드리겠습니다. 시간을 낭비하는 만남이 아니라 ○○님 삶에 조금이라도 도움이 될 수 있게 해드리겠습니다. 저 또한 ○○님의 성공담을 들으면서 제 성공에 디딤돌이 되게 하고 싶습니다. 꼭 만나 뵙고 말씀드리고 싶습니다. ○○님께서 할애한 시간이 낭비가 아니라 매우 유익한 시간이 되게 하겠습니다.

구실 · 핑계형 고객 거절처리화법

Action Planning

고객의 거절에는 구실·핑계 등 습관적 거절이 훨씬 많다.
접근 초기부터 체결단계에 이르기까지 항상 나타나며 노골적으로 기피하는
감정적 거절이 아니라 표면적으로만 거절하는 습관적 거절이 많으므로
거절의 진의를 파악하는 것이 가장 중요하다.

지금 바쁘다

귀찮다. 나가달라. 시간 없다. 손님이 계시다. 근무에 방해된다.

Selling Point

일하는데 불쑥 사람이 찾아왔을 때 아주 친한 사람이 아니라면 반갑게 맞아주는 고객은 그리 많지 않으므로 방문하기 전에 예고한다. 그렇지 못할 때는 밖에서 상황을 살핀 후 적당한 시기에 방문하는 것이 좋다. 방문해서는 고객의 본심을 파악하고 거절을 정중히 받아들이는 것이 중요하다. 지루하게 말하지 말고 가벼운 마음으로 임하는 것이 중요하다.

재치화법 Action Planning

- 아, 무척 바쁘시군요. 대단히 실례했습니다. 오늘은 인사만 드리러 왔습니다. 다음에 다시 찾아뵙겠습니다. 괜찮으시겠지요?
- 바쁘신데 찾아뵈어 죄송합니다. 오늘은 이만 물러가고 ○일 오후(오전) ○시에 다시 방문하겠습니다. 손님들에게 절대 폐 끼치지 않겠습니다. 그때 다시 뵙겠습니다.

• 네, 바쁘신데 찾아뵈어 죄송합니다. 시간이 있을 때 다시 찾아뵙겠습니다. 지장 없게 일정한 시간에 방문하겠습니다. 그때는 앙케트 부탁드립니다.
• 아! 그렇습니까? 폐 끼치지 않겠습니다. 혹시 제가 도와드릴 것이 있습니까? 있으면 말씀해주십시오.
• 네, 잘 알겠습니다. 그렇지만 얼굴도 익힐 겸 자주 찾아뵈면서 인생 재테크 상담도 해드리며 생활정보지를 드리고 싶은데요. 언제 방문하면 좋겠습니까?
• 아, 그렇습니까? 저는 단지 ○○님에게 도움이 되는 정보를 드리기 위해 찾아뵌 겁니다. 이 자료는 우리 생활에 유익한 생활정보인데요, 짬날 때 꼭 보시기 바랍니다.
• 혹시 보험에 대하여 나쁜 경험이라도 있으셨습니까?(정중히 질문) 그럼 휴식도 할 겸 5분만 짬을 내주실 수 있겠습니까?

설득화법 Action Planning

■ 궁금증 해결 화법

네! 그럼 다음에 방문하겠습니다. 성함만이라도 가르쳐주시겠습니까? 보험에 대해 궁금한 사항이 있으면 언제든 저에게 말씀해주십시오.

■ 20분 시간 할애 화법

사실 오늘은 보험 가입을 말씀드리려고 방문한 것이 아닙니다. ○○

님 가족의 미래를 위해 한번쯤 진지하게 검토해야 할 문제에 대해서 대화하고자 이렇게 찾아뵌 겁니다. 부담 갖지 마시고 저와 나눈 대화가 도움이 되었는지 안 되었는지 판단해주시면 됩니다. 한 20분이면 충분합니다.

■ 출입허가 화법

네! 물론 잘 알고 있습니다. 어떤 회사는 근무시간에도 출입을 허락하기도 합니다만 대개는 ○○님과 같은 생각을 하십니다. 하지만 제 말씀을 들으신 뒤에는 방문시간이나 방문장소에 대해 일정한 제한을 두고 허락합니다.

■ 미래설계 재확인 화법

○○님! 여러 일로 바쁘신 모양이군요! 바쁘게 생활하는 사람만이 행복을 보장받을 수 있다고 하는데 ○○님은 보기 참 좋습니다. 하지만 바쁜 가운데 잠깐 짬을 내서 미래에 대한 설계를 다시 한 번 확인해보지 않으시겠습니까?

■ 그래서 화법

네, 바쁘시기 때문에 제가 이렇게 찾아뵌 거예요. 성공한 사람은 대부분 업무가 바쁘기 때문에 가족과 자신을 진지하게 생각할 시간을 내기가 어렵죠. 그래서 바쁜 ○○님을 대신하여 제가 ○○님뿐만 아니라 ○○님 가족의 안정된 미래 청사진을 보여드리겠습니다.

■ 건강 신중 화법

네, 지금 이야기하고 싶지 않다는 고객님 마음 잘 알겠습니다. 하지만 얼마 전에 제가 아는 분이 그렇게 미루시다가 그만 불행한 일을 당했습니다. 그때 저는 더 끈기 있게 권하지 않은 것을 정말 후회했습니다. 또 이런 일도 있어요. 나중에 상의하자고 한 고객이 질병이나 사고로 병원에 입원한 경우입니다. 결국 보험에 가입할 자격을 잃고 만 것이지요. 이런 제 경험으로 볼 때 건강하신 지금 신중히 생각하시면 좋겠습니다.

거래하는 설계사가 있다

보험에 종사하는 친구가 있다. 아는 사람이 있다. 아는 사람이(친구가) 보험회사 다닌다.

Selling Point

보험은 가입보다 가입 후의 서비스가 더 중요하며 가정 상황에 맞는 상품에 가입해야 함을 알려준다. 보험세일즈를 하는 지인이 있으면 관계 및 보험가입 여부를 정확하게 파악하고 대응한다. 특히 담당자의 자질, 능력, 경력 등은 오해하지 않는 범위에서 알아본다.

재치화법 Action Planning

- 그렇습니까? 그럼 제 말씀 한번 들어보시겠습니까? 그분과는 다른 귀중한 정보를 드릴 수 있기 때문입니다. 결코 그분에게 누가 되지 않을 겁니다.
- 친구(아는 사람)와 개인적인 재정문제를 이야기하기를 꺼려하는 분이 많습니다.(이야기하고 싶어하지 않는 분들이 많습니다.) 비밀을 보장받기 위해서지요.

• 제가 ㅇㅇ님을 만나 뵙고자 하는 이유는 고객분들께 제가 제공하는 재무서비스를 더 향상시킬 방법에 대해 식견 높으신 ㅇㅇ님의 제안을 바라고자 해서입니다.

• ㅇㅇ님께 꼭 필요한 인생재테크 상담과 생활정보를 제공하려고 합니다. 괜찮겠지요?

• 그렇습니까? 그럼 제게도 출입할 기회를 주십시오. 부담드리지 않겠습니다. 잘 부탁드립니다.

• 아! 네, 그렇군요. 혹시 아는 분이 어느 회사에 다니는지 말씀해주시겠습니까? 가정경제에 대한 상담을 해주실 보험컨설턴트는 반드시 필요합니다.

• 그렇습니까? 하지만 괜찮습니다. 저는 오늘 설문조사를 하기 위해 왔거든요.(정성이 담긴 간단한 봉사품, 판촉자료 제공)

• 이웃사촌이 먼 친척보다 낫다는 말도 있듯이 저는 날마다 이 지역을 돌아다니면서 가정경제에 대해 상담을 해드리고 있습니다. 저와 상담해주십시오.

• 아는 사람을 통해서 보험에 가입하고 싶으실 겁니다. 그러나 보험은 미래의 재정안정을 담보로 체결하는 신용상품이므로 반드시 전문가에게 컨설팅을 받으셔야 합니다.

설득화법 Action Planning

■ 체면치레 가입 곤란 화법

아는 사람이 권하는 보험일수록 이 상품, 저 상품 어느 것이 좋은지 비교해보기 어렵습니다. 결국 체면치레로 흐르기 쉽죠. 보험에 가입하는 것은 ㅇㅇ님의 가정경제를 스스로 설계한다는 중요한 의미가 있습니다. 따라서 재정안정플랜을 충분히 검토하고 후회 없는 판단에 도움을 주는 전문가가 필요합니다.

■ 사후관리 중요 화법

보험은 가입하는 것도 중요하지만 보험금을 수령할 때까지의 사후관리가 더 중요합니다. 단지 아는 사람이 있다는 이유만으로 선뜻 계약할 수는 없지 않을까요? 평생 동안 고객관리를 해야 하는데요. 이 기회에 저와 인연을 맺어보는 것도 좋은 일이라 생각됩니다. 저와 같은 전문가를 선택하셔야 올바르게 관리를 해줍니다. 저와 거래하시면 반드시 만족하실 겁니다.

■ 타인 가입사례 화법

아는 분에게는 대개 소액보험을 가입하더군요. ㅇㅇ님 입장에서 아는 분을 모르는 척할 수도 없겠지요. 제 고객 한 분도 아는 분이 이 일을 하고 있었는데, 저와 몇 차례 상담하고 난 뒤에 생각이 바뀌어 아는 분에겐 인사치레로 소액보험 하나 가입하시고 정작 가입하려던 큰 보험은 저와 상의해 그 댁에 알맞은 보험으로 선택했답니다.

■ 비밀유지 화법

보험은 위험관리 기능을 넘어 세테크, 재테크 기능을 갖고 있습니다. 그런데 과연 ○○님의 재산 상태를 아는 분께 공개해도 될까요? 거절하기 어려운 부탁을 할 수도 있지 않겠습니까? 또 아는 사람이라 하여 소홀하기 쉬운 부분도 있고요. 결정은 ○○님께서 하시지만 저를 믿고 선택하시면 결코 후회하지 않으실 겁니다.

■ 전문가 일임 화법

네, 아는 분이 부탁하면 거절하기 좀 힘드시죠? 그러나 보험은 장기 금융상품이라서 차분하게 검토하고 신중하게 가입하셔야 합니다. 안면 때문에 가입하고 나서 후회하거나 불안해하는 경우도 있습니다. 당장의 안면보다 생활치수와 보험치수를 맞춰 가입해야 하고 또한 ○○님의 가정을 평생 돌봐줄 신뢰할 만한 전문가인지가 더 중요합니다.

■ 비교우위제시 화법

정말 다행입니다. 그러면 친구(아는 관계 명시)분에게 ○○님 가정의 재정안정플랜을 받아보셨겠네요. 사실 친구와 사업상 관계를 맺으면 공평하고 공정한 관계가 힘들기 때문에 대개 꺼려하더군요. 이번 기회에 제가 ○○님께 하려는 제안과 비교해보는 것도 좋을 겁니다.

■ 재무컨설팅 화법

아! 그렇습니까? ㅇㅇ님에게 인생재테크플랜에 대해 충고해줄 사람이 있다니 무척 기쁩니다. ㅇㅇ님이 지금껏 유지하고 있는 보험상품을 갱신하거나 추가로 가입하라고 말씀드리려는 것이 아닙니다. 저는 단지 ㅇㅇ님께서 갖고 계신 보험증권 분석뿐만 아니라 ㅇㅇ님 가정의 가계자산에 대한 재무분석을 해서 자산을 어떻게 운용하는 것이 더 현명한 인생재테크 방법인지 제 나름의 노하우를 토대로 재무컨설팅을 하려고 하는 마음입니다.

■ 인생재테크 포트폴리오 제공

물론 친구분(또는 아는 사람 호칭)께서도 ㅇㅇ님께 이러한 인생재테크 방법을 제안했을지도 모릅니다.(고객의 답에 따라 화법을 전개한다.) 그런데 ㅇㅇ님! 물건을 살 때도 여기저기 돌아보듯이 친구분에게 다시 가입한다 해도 객관적으로 알아보고 나서 그분에게 합당한 재무플랜을 제시해달라고 요청하는 것이 훨씬 더 바람직하고 현명한 판단 아닐까요? 저는 더 객관적이고 합리적으로 ㅇㅇ님과 가족 생애 전반에 관한 인생재테크를 포트폴리오에 입각해 짜드리려는 겁니다.

재정안정플랜은 이미 받아봤다

재무설계는 여러 번 받아봤다. 이것 쓰면 보험에 가입하라는 것 아닌가?

정보 유출이 될 것 같아 싫다.

Selling Point

고객은 많은 FC로부터 보험상품 가입 제안을 받을 것이므로 이에 적절하게 대응하는 설득 기술이 필요하다. 전문가의 자세로 '나는 다른 FC들과 무언가 다르다'는 차별화된 모습을 보인다. 보험설계를 할 때는 항상 고객과 코드를 맞추고 이를 행동으로 보여 신뢰를 쌓는다.

재치화법 Action Planning

- ○○님과 같은 분이라면 당연히 재정안정플랜을 많이 받아보셨을 겁니다. 그런데 받아본 보험플랜이 ○○님 마음에 드셨습니까?
- 같은 값이면 다홍치마라고 여러 제안서를 받아보고 나서 가장 알맞은 상품을 선택해야 합니다. 회사에서 업자를 선정할 때에도 여러 업체에서 견적서를 받아 맘에 드는 회사를 선택하지 않습니까?
- 옷도 내 몸에 맞아야 실용성이 배가되듯 보험도 황금비율에 따라

○○님과 가정의 규모, 즉 인생 4L에 가장 알맞게 설계되어야 합니다. 그렇지 않으면 후회하게 됩니다.

• ○○님에게 가장 맞게 설계된 재무플랜을 한번 받아보시겠습니까? 밑져야 본전이지 않습니까?

• 보험 가입의 참맛을 느끼려면 그리고 가입하고 나서 후회하지 않으려면 ○○님의 눈높이에 입각하여 컨설팅을 하는 전문가의 조언을 받으셔야 합니다.

설득화법 Action Planning

■ 현실만족 화법

당연히 그러시겠지요. ○○님같이 정말로 가족을 소중하게 생각하는 분이라면 다른 보험사 보험컨설턴트의 방문이 많았을 테고, 그분들로부터 제안을 많이 받으셨을 겁니다. 또 그분들도 저와 같은 마음이라면 ○○님의 인생설계와 가정설계를 멋지게 해주셨을 겁니다. 그런데 ○○님! 외람된 말씀이지만 다른 보험컨설턴트에게 받은 재무플랜을 어떻게 생각하십니까? 만족하십니까? (반드시 대답하게 유도하여 그에 따라 적절하게 해결책을 강구한다.)

■ 진정한 가치 만끽 화법

○○님! 물건 살 때 아무데나 가서 대충 사지는 않으시죠? 요리조리 눈여겨보고 나서 가장 좋고 마음에 드는 물건을 사실 겁니다. 예컨대 냉

장고를 구입하려고 할 때 메이커에 따라 특징이 있지만 기능만 보면 대동소이합니다. 어느 회사 제품이든지 음식물을 보관하는 시스템은 비슷합니다. 그러나 미세한 차이가 엄청난 결과를 불러오듯이 실용성 면에서 내게 맞는 제품과 그렇지 않은 것은 차이가 매우 큽니다. 어느 상품이든 고객의 눈높이에 맞춰 설계되고 만들었는지가 중요합니다. 그래서 '어느 회사의 ○○상품이 좋다'고 입소문이 나는 것이지요. ○○님! 보험도 마찬가지입니다. 가장 건실하고 신용 있는 저희 ○○회사에서, 또한 전문가인 저 ○○○(이름 명시)가(이) 책임지고 자신 있게 권하는 재정안정플랜의 가치를 느껴보세요. 아마 다른 FC들과는 또 다른 좋은 경험을 하게 되실 겁니다.

■ 맞춤설계 화법

○○님! 아무리 좋은 옷도 내 몸에 맞아야 멋스럽게 오래 입고, 아무리 좋은 음식도 내 입에 맞아야 맛있고 건강에 도움이 됩니다. 마찬가지로 보험 또한 ○○님의 가정에 꼭 맞아야 좋지 그렇지 않으면 중도에 해약한다든지 후회할 수 있습니다. 고객과 코드가 딱 들어맞는 보험이어야 평생 동안 도움이 됩니다.

즉 재정안정플랜을 기초로 주도면밀하게 고안된 ○○님과 코드가 가장 잘 맞는 상품에 가입해야 한다는 것이죠. 안 그렇습니까? 제 말이 맞죠. 멋진 양복을 맞춰 입듯이 제게 ○○님의 인생설계를 맡겨주십시오. 제가 멋지게 재단해드리겠습니다. ○○님께서 보험의 참맛을 느끼도록 멋지게 보험설계를 해드리겠습니다.

■ 전문가 신뢰 화법

요즈음 개인정보 유출이 많아 걱정입니다. 그런데 ○○님! 병원에 가면 의사에게 자신의 몸을 모두 보여주고 얘기하지 않습니까? 사업소득 신고할 때에도 1년간 소득을 알려주지 않습니까? 신용카드를 만들 때도 그렇고요. 그것은 해당 부분의 전문가로서 또는 금융기관으로 서로 믿기 때문이잖아요! 마찬가지입니다. 저 또한 ○○님의 재정안정을 안분비례에 맞춰 제안하는 부분에서는 누구보다 전문가이므로 저를 믿고 저에게 모든 것을 말씀해주셔야 올바르게 컨설팅할 수 있습니다. 아무리 믿기 어려운 세상이라도 평생 거래할 ○○님에게 누가 되는 행동은 절대로 하지 않을 겁니다. 저와 저희 회사는 신용을 생명으로 합니다.

■ 인생 4L 화법

어려운 수술을 잘하는 의사와 수술이 필요한 질병이 발생하지 않게끔 예방하는 의사 중 누가 명의일까요? 당연히 예방해주는 의사가 진정한 명의일 겁니다. 명의가 되기 위해선 실력도 중요하지만 환자가 의사의 질문에 대답을 잘해야만 올바로 진단할 수 있습니다. 보험도 가입하실 때는 ○○님의 인생 4L을 토대로 재무진단을 정확하게 받은 다음 가장 적합한 상품으로 보험플랜을 하고 라이프 디자인을 해야 합니다.

남편(아내)이 반대한다

Selling Point

경제권을 누가 갖고 있느냐에 따라 부부간의 반대 성향도 다르다. 대체로 거절할 구실을 마련하기 위해 말하는 경우도 있으므로 잘 파악해야 한다. 먼저 보험에 대해 올바로 인식하게 컨설팅하고, 재정안정플랜을 활용하여 남편을 설득하게 한다.

재치화법 Action Planning

- 제가 활동하다보면 남편이 반대한다는 말을 듣는데, 실제로 그런 남편분들을 만나보면 보험을 오해하신 경우가 많아요. 제가 부군께 직접 설명드려도 되겠습니까?
- 아내가 내조를 잘하셔서 행복하시겠어요. 그러한 부인께 큰 선물을 주실 생각은 없으세요? 그 선물은 바로 보험입니다.
- 사모님께서 잘 알아서 하신다니 다행이군요. 그러나 ㅇㅇ님께 불행한 일이 닥쳤을 때 가족생활은 ㅇㅇ님만이 책임질 수 있습니다.

- 아빠는 선장, 엄마는 기관사, 자녀는 승객이란 말이 있듯이 가정경제 준비를 아내에게만 맡기는 시대는 지났습니다.
- 언제 무슨 일이 발생할지 장담할 수 없는데 ㅇㅇ님에게 큰 짐을 지우는 것 같은 생각이 들지 않습니까?
- 제가 ㅇㅇ님 댁의 재정안정플랜을 만들어올 테니 남편과 함께 이야기할 기회를 주십시오. 제가 제안하는 설명을 다 들으시면 남편께서도 이해하실 겁니다. 자신 있습니다.

설득화법 Action Planning

■ 재설득 권유 화법

남자들은 지금 당장만 생각하는 것 같아요. 그러나 우리 주부들은 어디 그래요? 아이들이 자라서 대학에 진학하고 결혼도 하는 미래까지도 생각하잖아요. 저축과 보장, 노후를 겸비한 이런 ㅇㅇ보험이 ㅇㅇ님 댁에는 꼭 필요합니다.

■ 선결정 화법

실제로 남편을 만나보면 보험을 오해하고 계신 경우가 많더군요. 만일의 불행한 사태가 발생할 경우 곤란을 당하는 분은 남편이 아니고 사모님 자신과 자녀들입니다. 가정의 행복을 지키기 위하여 사모님께서 단호하게 결정하세요. 가입 후 남편이 알게 된다 해도 사모님 가정을 지키기 위한 장래 준비에 만족하실 겁니다.

보험 가입할 생각이 없다

가입할 생각도 안 해봤다. 전혀 관심(흥미) 없다.

Selling Point

관심 없다는 것은 다양한 의미를 내포하므로 먼저 원인을 분석한다. 이런 경우에는 보험컨설턴트에 대한 거부감은 없으므로 신뢰를 주려고 노력하는 것이 중요하다.

재치화법 Action Planning

- 아! 그러세요. 죄송합니다만 왜 가입할 마음이 없는지 여쭤봐도 되겠습니까?(혹시 보험 때문에 언짢은 일이라도 경험하신 적 있으신지요?)
- 보험만이 아니고 ○○님께 도움이 될 재무정보를 제공하려고 찾아뵈었습니다.
- 당장 보험에 가입하라는 것이 아니에요. ○○님께 맞는 재무플랜을 해드리려는 것입니다.
- ○○님 기분은 잘 알겠습니다. 그렇게 말씀하는 분들이 나중에는

제 이야기에 더 관심을 갖는 경우가 많습니다.

- 네, 그렇게 생각하시는군요. 그러나 ㅇㅇ님! 지금은 보험이 거의 가정상비약처럼 인식되고 있습니다.
- (TA 때) 아직 본 적도 없는 것에 관심 있을 거라고는 생각하지 않습니다. 그래서 ㅇㅇ님을 찾아뵙고 제 생각과 재무서비스를 설명하여 ㅇㅇ님께서 가치 있는 정보인지 아닌지를 직접 결정할 수 있게 제안하려는 겁니다.

설득화법 Action Planning

- 관심 없다는 말씀은 당연합니다. 사람들은 대부분 당장 급한 일도 많아서 불확실한 미래를 생각하지 않습니다. 하지만 ㅇㅇ님이 소중하게 생각하는 가족을 지키는 방법이라면 관심 있으시겠죠?
- ㅇㅇ님! 보험에 관심 없더라도 일단 한번 말씀드리고 싶습니다. 이 프로그램은 ㅇㅇ님처럼 ㅇㅇ를 하시는 분에게 대단히 유익한 정보입니다. 우선 제가 제공하는 재무플랜을 들어보시고 판단하셔도 됩니다.
- ㅇㅇ님께서 한 번도 보지 못한 상품에 관심 없다는 것을 충분히 이해합니다. 저 또한 누군가가 평소 생각하지도 않은 상품에 대해 말을 꺼내면 당연히 그렇게 반응할 겁니다.(맞장구치면서 고객의 감정을 누그러뜨린다.) 그러나 제가 ㅇㅇ님의 삶에 도움을 드리기 위해 제안하려는 인생재테크플랜에 관심이 있으신지 또는 진정으로

도움이 될지 ○○님께서 판단하실 수 있게 ○○분의 시간을 저와 함께하기를 원합니다.

- (TA 때) 더 풍요롭고 알뜰하게 살아갈 인생재테크 길을 제가 제시하려는 겁니다. 제가 인생재테크 전문가로서 ○○님의 가정경제를 업그레이드해드리려고 합니다. 분명히 ○○님께서는 관심을 표하실 겁니다. 선택은 ○○님께서 하시는 것이고요.(약속시간은 그날 고객의 상황에 따라 피력하되 고객의 마음이 돌아서지 않게 가까운 시일 안에 방문하겠다는 확고한 의사를 밝히는 것이 바람직하다.)

보험 가입할 여유가 없다

보험료를 지불할 능력이 없다. 돈이 없다.

Selling Point

습관적이고 단순한 거절 구실에 지나지 않는 경우가 많다. 정말로 돈이 없는 사람은 말을 잘하지 않는다. 따라서 고객의 경제 사정, 소득 수준, 직업 등을 파악하여 그에 알맞은 화법을 전개해야 한다.

재치화법 Action Planning

- 오히려 부유한 사람들이 그런 말씀을 많이 하더군요. 제가 보기에 ○○님께서는 최소한 월 ○○만 원 이상은 저축할 수 있을 것 같은데요. 안 그렇습니까?
- ○○님도 참, 무슨 말씀을 하십니까? 이 정도의 주택(직업)을 갖고 계시는데도 여유 없다면 누가 여유 있겠습니까?
- 보험은 물론 돈이 듭니다. 그러나 보험이 없으면 더 큰 희생이 따릅니다. 가족이 어려움을 당하게 됩니다. 특히 자녀는 다른 자녀들과

달리 인생을 공평하게 출발하지 못하게 될 수 있습니다.

- 돈이 없다고요? ○○님께서는 이런 상태가 평생 계속되기를 원치 않으시겠지요?
- 한 달에 ○○만 원이라는 보험료는 ○○님과 가족이 마음의 평화를 얻고, 만약에 있을지 모르는 사고, 질병 등 최악의 상황에 대비할 최소한의 보장자산을 준비하는 돈입니다.
- 재무분석을 꼼꼼히 하면 길은 있을 겁니다. 제가 정확하게 ○○님 가정의 가계자산에 대해 재무분석을 해서 라이프 디자인을 해드리겠습니다.

설득화법 Action Planning

■ 가계부 화법

가정경제에서 없어서는 안 될 것이 식료품, 의료품, 전기, 수도, 가스 같은 것 아닌가요? 이젠 보험도 필수품이 되었습니다. 가계부에도 보험료 칸이 있지 않습니까?

■ 부메랑 화법

그렇기 때문에 더욱 지금 가입해야 합니다. 말씀드렸다시피 수입과 지출 가운데 시간이 흐를수록 지출이 더 많아지는 경향이 있습니다. 지금도 여유가 없으시다면 앞으로는 더욱 여유가 없게 됩니다. ○○님처럼 미래를 준비할 줄 아는 분이라면 지금이 보험 가입하시기에 최적기입니다.

■ 경제적 빈곤 치유 화법

○○님 말씀대로 여유 없음을 이유로 앞날에 대해 아무 준비도 안 하고 계시다가 불의의 사고라도 당하면 어떻게 하시렵니까? 물론 가장 어려운 문제가 경제적 부분이지요. 그러나 현재의 노력은 미래의 짐을 덜어드리고, 경제적 빈곤을 치유해드릴 겁니다.

■ 현재와 미래의 차이

잘 알겠습니다. ○○님, 매월 ○만 원 추가 납입은 쉬운 일이 아닐지도 모르겠습니다. 그러나 이 보험에 가입하면 미래에 부인과 자녀가 고생하지 않고 살 수 있게 됩니다. 한 달에 ○만 원이라는 금액은 당장 가정에 큰 영향을 미치지 않지만, 앞으로는 커다란 차이가 생길지도 모릅니다.

■ 불행방지 화법

○○님, 현재의 노력은 미래의 짐을 덜어드릴 겁니다. 여유가 없다는 말씀이 사실이라면 ○○님에게는 더욱더 보장자산이 필요합니다. ○○님 말씀대로 여유 없다는 것을 이유로 앞날에 대해 아무런 준비도 하지 않다가 불행한 일을 겪는다면 그때는 어떻게 대처하려고 합니까?

■ 인생재테크 화법

불필요한 지출은 막아야 한다는 것을 이해합니다. 그러나 ○○님의 삶을 더 윤택하게 설계하기 위한 생애 전반에 관한 제 인생재테크서비스가 ○○님에게 가치가 있는지를 컨설팅하는 동안 아무런 부담을 가지지 말고 판단해보십시오. 저는 단지 ○○님을 알게 된 인연으로 인생컨설팅 차원에서 보험도 컨설팅하려는 거니까요. 그것이 제가 ○○님을 만나는 데 대한 보답이라고 생각합니다. 안 그렇습니까?(동의를 구한다.)

■ 자산형성 도움 화법

○○님께서 저를 만나면(또는 제 말씀을 들으면) 보험은 물론 적어도 펀드가 무엇이고 간접투자상품이 무엇인지 알게 되고 경제 전반에 관한 지식을 얻을 겁니다. 그리고 경제 상황이 바뀌었을 때는 ○○님의 자산형성에 도움을 줄 수 있습니다. 또 ○○님께서 가입한 보험상품이 있으면 이 기회에 전문가인 제가 ○○님과 가정에 진실로 도움이 되게 종합적으로 리모델링해드리겠습니다.

다음에 오라(보자)

다음에 다시 와라. 나중에 (생각해) 보자. 잘 들었다. 생각해보겠다.

Selling Point

사실상 '싫다'고 말하고 싶은데 에둘러 말하고자 할 때 사용하는 거절이다. 고객이 거절의 진짜 이유를 숨기기 위한 수단으로 사용하는 경우가 많으므로 생각할 문제가 무엇인지 그에 대한 대답을 그 자리에서 하게 유도한다. 나중에 생각해보겠다는 식으로 결말이 나지 않게 화법을 전개한다.

재치화법 Action Planning

- 네, 그럼 다음에 언제 찾아뵈면 좋을까요? 적당한 시간을 말씀해주겠습니까?
- 사람들은 결정하지 않고 우유부단하게 미루다 더 많은 것을 잃습니다. 그럼 오늘은 지난번 신문에 났던 기사(고객과 관련 있는 내용)를 놓고 가겠습니다. 시간 날 때 꼭 보십시오.
- 보험은 큰 액수를 미래에 받겠다고 선택하는 겁니다. 그런데 이 선

택이 지금보다 더 싸게 제공되는 때는 없을 겁니다.

- 저는 연기시킬 수 있습니다. 그러나 미래의 죽음을 연기하실 수는 없습니다.(직설화법)
- 내일 지구가 멸망해도 나는 오늘 한 그루의 사과나무를 심겠다고 한 철학자 스피노자의 말을 알고 계시겠지요. 이는 최선을 다하여 생활에 임하는 것이 얼마나 가치 있는지를 나타낸 말입니다.

설득화법 Action Planning

■ 우산 화법

우산은 가지고 다니기 귀찮습니다. 그러나 비 올 때 우산이 없어서 당황하는 사람을 많이 봅니다. 언제 들이닥칠지 모르는 인생의 비 오는 날이 오기 전에 보험이라는 우산을 미리 준비하셔야 합니다.

■ 유비무환 화법

○○님께서는 나중에 다시 보자고 말씀하시지만, 외람되지만 제가 ○○님을 나중에 다시 뵐 수 없을 때는 어떻게 하지요? 저는 보험 컨설턴트를 하면서 이렇게 가슴 아픈 일을 몇 번이나 경험했습니다.

■ 하루빨리 화법

물론 중요한 일을 충분히 생각하고 결정하는 것이 필요합니다. 그러나 언제 어떤 사고가 발생할지 모르기 때문에 하루라도 빨리 가입하기를 권유합니다. 하루 이틀 미루다보면 정작 중요한 시기를 놓칠 수도 있으며, 연령에 따라 보험료가 높아지기 때문에 하루라도 빨리 가입하는 것이 유리합니다.

■ 새옹지마 화법

ㅇㅇ님께서는 다음에 다시 보자고 말씀하시지만 제가 ㅇㅇ님을 다시 뵐 수 없을 때는 어떻게 하지요? 인간만사 새옹지마입니다. 저는 이 일을 하면서 가슴 아픈 일을 정말 많이 보았습니다. 인생을 살면서 언제 무슨 일이 일어날지 아무도 모른답니다. 엊그제 대형사고 기사를 봤는데 다들 사망자보다 유가족이나 중상자를 걱정하더군요. 수익자는 ㅇㅇ님으로 하겠습니다.

■ 재점검 화법

물론 그러셔야 할 것입니다. 이것은 중요한 문제이니까요. ㅇㅇ님과 제가 이야기하는 것은 ㅇㅇ님 가족의 보장(또는 초점을 두었던 다른 주제)과 관련된 문제입니다. 그렇다면 제가 놓친 부분이 있는지 확인하기 위해 중요한 점을 다시 점검하시죠.

■ 구체적 사유 파악 화법

ㅇㅇ님! 혹시 ㅇㅇ님의 보험 가입능력을 걱정하시는 건가요? 저 역시 ㅇㅇ님께서 이에 대해 한 번 더 생각해보시길 바랍니다. 하지만 생각하기 전에 ㅇㅇ님께서 무엇을 구체적으로 생각해보셔야 하는지 말씀 나누

고 싶습니다.

■ 시간 낭비 화법

알겠습니다, ㅇㅇ님. 저는 ㅇㅇ님께서 어떻게 느끼시는지 이해합니다. 제가 ㅇㅇ님께 제안하는 보장플랜은 대단히 중요하니까요. 심리학자들에 따르면, 사람은 당장 눈앞에 놓인 사실은 100% 기억한다고 합니다. 그리고 24시간이 지나고 나면 실제 사실의 40%만 기억하고, 3일이 지나면 겨우 5%만 기억한다고 합니다. 그렇다면 ㅇㅇ님께서는 ㅇㅇ님에 대한 상황을 100% 인지하신 상태에서 의견을 나누고 싶으십니까, 아니면 겨우 5%만 인지한 상태에서 다시 의견을 나누고 싶으십니까?

보험가입 불필요형 고객 거절처리화법

Action Planning

단도직입적으로 냉정하게 거절하는 경우가 많으므로, 거절의 깊은 뜻을
파악하면서 고객의 말을 공략하는 판매기법으로 대응하는 것이 효과적이다.
반박하거나 무리하게 권유하는 형식으로 이야기하면 곤란하다.
고객의 재무상태를 반드시 확인하고 대처하는 전략을 강구한다.

보험은 이미 많이 들었다

가입한 보험이 있다. 이미 가입해서 더 필요 없다. 이미 충분히 가입했다.

보험은 이미 많이 가입해놓았다. 직장에서 들고 있다.

Selling Point

현재 가구당 보험가입률은 97.4%이고 1인당 가입 건수는 약 4건 이상이다. 보험도 가입한 사람이 또 가입할 확률이 높으므로 무슨 보험을 가입했는지 고객과 대화하면서 정확히 파악하는 것이 중요하다. 가입한 보험증권 분석과 합리적인 보험 포트폴리오 리밸런싱을 통해 보험 리모델링을 유도하고 여의치 않으면 소개의뢰를 하는 쪽으로 접근한다. 전문가로서 차별화된 보험서비스를 평생 제공한다는 인상을 심어준다.

재치화법 Action Planning

- 참 잘하셨습니다. 그럼 현재 가입하신 보험은 어느 회사의 무슨 보험인가요? 전문가로서 ㅇㅇ님 가정의 필요보장 금액이 적절한지 비교·분석하고 그 내용을 설명해드릴까 합니다.
- 가전제품도 오래 쓰면 교체해야 하듯 보험도 시대 변화에 맞게 리모델링해야 합니다. 내 인생의 치수와 보험치수를 잘 맞춰야 합니다. 생활치수와 보장치수가 잘 맞아야 보험가입 효과가 더욱 극대

화됩니다.

- 네, 언제 가입하셨습니까? 그럼 제가 ○○님께서 가입하신 보험증권을 무료로 종합적으로 분석해드리는 보험서비스를 해도 되겠습니까? 괜찮으시죠?
- 예, 그러시겠지요. 요즘은 어느 가정에서나 보험에 많이 가입하시지요. 그런데 ○○님, 한 달에 보험료를 어느 정도 내고 계십니까?
- 가입한 보험의 보장내용도 잘 알고 계신가요? 제가 보험계약의 보장내용을 종합적으로 분석해드리겠습니다. 보험증권 좀 보여주시겠습니까?
- 사람이 성장하면 옷을 바꿔 입듯 가정경제도 규모가 커지면 라이프디자인을 다시 해 인생 4L에 맞는 보험에 가입해야 합니다.
- 예, 충분하다고 하기엔 조금 부족하지만 벅차다 하니 어쩔 수 없군요. ○○님께서는 보험의 중요성이나 필요성을 잘 아실 테니 보험에 가입할 만한 분을 소개해주시면 감사하겠습니다.
- ○○님께서 직장에서 가입한 보험은 소액보험료로 충분한 보장이 미약한 것이 대부분입니다. 그것만으로 가족 전체가 보장받기는 부족합니다.
- 직장에서 가입하는 것은 대개 불의의 사고와 회사의 손실보전을 목적으로 하기 때문에 보험금 규모가 그리 크지 않습니다.
- 실례지만 사고시 보상액은 어느 정도인지 알려주실 수 있습니까? 월급에서 보험료로 얼마나 공제하고 있습니까?
- 단체보험은 기본적으로 정년까지 보장되기 때문에 평생보장은 잘

안 됩니다. 따라서 회사의 단체보험 외에 추가로 보험에 가입하면 더 좋다고 생각합니다.

설득화법 Action Planning

■ 보험치수와 생활치수 화법

"한 번 가입한 보험상품을 계속 유지해도 아무런 탈이 없을까? 업그레이드하지 않고도 만료까지 만족하게 보장받을까? 가정생활의 위험을 완벽히 보장하면서 평생 걱정하지 않고 살아가게 해줄 수 있을까? 만약 내가 가입한 보험상품이 마음에 안 들면 어떻게 해야 할까?"

보험에 가입한 분들이 많이 하는 걱정입니다. ○○님도 이런 걱정을 해보셨지요? 몸에 따라 옷을 새로 맞춰 입듯 보험도 생활치수와 보험치수에 맞게 해야 합니다. 내 몸과 내 가정에 맞지 않게 보험에 가입했다면 보통 큰일이 아닙니다. 자칫 가정을 위험에 빠뜨리거나 곤경에 처하게 할 수도 있기 때문입니다. 제가 ○○님 댁의 생활치수와 보험치수를 정확히 다시 재단해드리겠습니다.

■ 재무포트폴리오 화법

○○님같이 가족을 사랑하고 미래를 준비하는 분이라면 당연히 보험에 많이 가입하고 계실 겁니다. 그런데 소중한 재산인 보험이 보장을 얼마만큼 언제까지 해주는지 아는 것은 통장 잔고를 확인하는 것과 마찬가지죠. 저는 ○○님께서 가입하신 보험증권 분석으로 가치를 확인해드

리고 싶습니다. 재무분석을 실시해 ○○님의 인생 전반에 대한 재무포트폴리오를 해드리겠습니다.

■ 가입 보험 만족 문의 화법

한 가지만 여쭤보겠습니다. ○○님께서 보장에 대한 종합적인 계획을 가지고 그 보험들에 가입하셨고, 또 목적에 맞는 적절한 보험료를 지불한다고 생각하십니까? 정확하게 판단하기 어려우시죠? 그래서 저와 상담이 필요한 겁니다. 저는 보험 가입을 권유하는 것이 아니라, ○○님 가족을 위해 가장 적절한 보험료로 합리적이고 체계적으로 보험에 가입하시게 맞춤설계 서비스를 제공하려고 합니다. 단, 체계적으로 분석하기 위해 ○○님께서 협조해주셔야 할 사항이 있습니다. 현재 가입하신 보험증권을 복사해주시면 됩니다. 그러면 제가 보장 내역을 정확히 분석해서 알려드리겠습니다.

■ 보험 리모델링 화법

○○님께서 가입하신 보험이 어떤 경우에 혜택을 받고 보장자산은 얼마인지 알고 계십니까? 정기적으로 자동차를 검사하듯 보험도 가족의 라이프스타일에 맞춰서 종합적으로 증권분석을 하여 리모델링해야 합니다. 이미 가입하신 보험은 보험기간, 보장내용, 보험가입금액 등 내 몸에 딱 맞게 가입했는지 리모델링이 꼭 필요합니다.

보험에 드는 것이 중요한 것이 아니라 어떤 상품을 선택하느냐가 더 중요합니다. 보험은 실생활에 도움이 되게 올바로 설계된 상품이어야 가치가 있습니다.

■ 더 큰 만족 화법

행복의 개념이 자기본위에서 가족중심으로 바뀌어가므로 가장의 책무는 가족사랑 완성에 있습니다. 가족의 안전을 담보로 하는 위험보장 분석은 미룰 수 없습니다. 보장자산을 리모델링하면 현재의 보험료가 보장하는 효과보다 더 큰 효용과 만족을 줍니다. 제가 보장자산을 분석하겠습니다. ○○님 가정에 맞게 수선하겠습니다.

■ 황금비율 화법

리모델링은 동일한 보험료로 최대의 보장효과를 볼 수 있게 황금비율에 맞춰 컨설팅하는 보험포트폴리오입니다. 가입 당시에는 최적의 상품이었지만 라이프스타일이 변했기 때문에 지금은 아닙니다. 보험의 목적은 가장이 살아 있는 동안의 수입을 대신하는 것이므로 미래의 생활 안정을 위해서는 반드시 라이프스타일을 황금비율에 맞추는 리모델링이 필요합니다.

■ 이득 화법

보험을 더 가입하라는 것이 아닙니다. 불필요하고 중복되는 보장에 이중의 보험료를 낼 필요는 없다는 뜻입니다. 저와 상담하면 현재와 동일한 보험료로 보장을 더 많이 받을 수도 있고 더 적은 부담으로 같은 혜택을 드릴 수 있습니다.

이미 많은 고객이 선택했으며 만족해하십니다.

■ 보험증권 화법

ㅇㅇ님! 보험증권을 몇 개나 가지고 계시죠? 보장내용은 정확하게 알고 계시나요? 잘 보관한다고 잘하시는 것이 아닙니다. 이 증권이 장마철 소나기로부터 ㅇㅇ님을 완벽하게 보장할 우산인지 아니면 찢어지고 휜 우산인지 정확하게 아셔야 합니다. 이번 기회에 ㅇㅇ님이 가입한 보험이 어떠한 가치를 가지고 있는지 확인해보는 것은 어떨까요?

■ 재검토 화법

충분하게 가입하셨는지, 보장금액과 월 보험료 등 계약내용이 적절한지 전문가로서 다시 한 번 검토할 수 있게 도와드리겠습니다. 만일의 사태가 발생했을 때 '이런 줄 몰랐다!'고 후회하는 분이 매우 많습니다. 보장기간과 보장금액을 잘못 알고 계시는 경우가 많기 때문에 확인해두시면 도움이 될 겁니다.

■ 맞춤 화법

참 잘하셨습니다. 역시 ㅇㅇ님은 미래 대비가 철저하시군요. 그러나 어린이도 성장하면 옷을 몸에 맞는 것으로 입혀야 하듯이 보험도 마찬가집니다. ㅇㅇ님도 가입 당시는 만족했지만 지금은 그 정도로 부족합니다. 그래서 ㅇㅇ님의 몸에 맞게 보험을 맞춰드리려는 것인데, 현재 ㅇㅇ님의 보장설계를 점검해드려도 괜찮겠습니까?

■ 천차만별 화법

아, 네. 보험을 많이 아시는군요. 기본 구조는 거의 비슷합니다. 저도 보험회사에 다니기 전에는 ○○님과 같이 생각하였습니다. 그러나 '내게 꼭 필요한 보장자산이 알맞게 설계되었는지'가 중요합니다. 똑같은 소재와 재료로 음식을 만들더라도 어떻게 혼합하는지 그리고 만드는 사람의 정성과 전문적 자질에 따라 음식의 맛, 향기, 영양가가 천차만별이듯이 보험 또한 마찬가지입니다. 요새 나오는 보험은 인터넷 등으로 판매되는 단순조립 상품 말고는 대부분이 고객 개개인의 경제 사정에 맞게 설계되도록 한 주문형 상품입니다.

■ 겉과 속 상이 화법

'먹어봐야 맛을 알고 찔러봐야 아픈 델 안다'고 했듯이 직접 살펴보면 상품마다 내용이 다르다는 것을 아실 겁니다. 예를 들어 컴퓨터를 구입한 다음 업그레이드하려고 전자상가마다 방문하여 물어보면 기사들이 제안하는 사양이 모두 다를 겁니다. 어느 기사는 이익만을 생각해서 말할 수 있고 다른 기사는 손쉽게 사용하는 쪽을 이야기할 수도 있을 겁니다. 따라서 '내가 유용하게 사용하게 해주었는지'가 무엇보다 중요합니다. ○○님! 제가 제안하는 이 ○○보험도 피상적으로는 다른 보험과 비슷해 보이겠지만 그 속은 매우 다릅니다. 그건 제가 ○○님 가정에만 꼭 맞게 특별히 설계하기 때문입니다. 저의 재무플랜을 받아보십시오.

■ 보장분석 재검토 화법

좋은 회사에 다니는 분은 단체보험이나 연금보험 등 회사가 보험료를 부담하거나 보조하는 경우가 있어서 좋지요. 다만, 회사에서 가입한 보험은 개개인의 가정에 필요한 보장액에 맞춘 것은 아니고 또 가입 한도가 낮은 경우가 보통입니다. 이 재정안정플랜서로 ○○님의 가정에 지금 어느 정도 보장이 필요한지 검토해보십시오.

■ 큰우산 마련 화법

흔히 보험을 우산에 비유합니다. 맑은 날엔 가지고 다니기 부담스럽지만 비가 오는 날에는 그 가치가 느껴지는 것이 우산이니까요. 그런데 처음에는 좋았던 우산도 쓰다보면 낡고 해져서 더 크고 튼튼한 우산으로 교체합니다. 보험도 마찬가지랍니다. ○○님과 가족의 생활수준이 높아지는 만큼 더 좋은 보험으로 미래를 준비하셔야 합니다.

연금이 나온다

국민연금에 가입했다. 퇴직연금에 가입했다. 퇴직연금(기업연금)이 나온다.
퇴직금이 회사에서 나온다.

Selling Point

연금이나 퇴직금은 정년까지 무사히 근무한 경우를 전제로 하는 미지의 약속이라는 것과 노후생활을 위해서는 충분히 준비해야 함을 설명한다. 경기침체에 따른 기업 불황으로 명예퇴직, 감원 등이 실시됨에 따라 스트레스, 실직 공포감 등이 만연함을 예시하며 설명하면 효과적이다.

재치화법 Action Planning

- 은퇴 후 노후의 안락한 생활에 필요한 돈은 현재가치로 1인당 매월 200만 원 이상이라고 합니다. 공적연금과 사적연금을 양수 겸장해야 연금 노테크 완성이 가능합니다.
- 노후 걱정이 없으시다니 부럽기 그지없군요. 그러나 노후는 걱정 없더라도 요즘은 교통사고나 성인병 등이 급증하는데 그 준비는 어떻게 해야 할까요?
- 연금으로 두 분의 노후생활은 그런대로 하실 수 있겠지만 성장한

자녀의 학비, 결혼자금, 주택마련 보조 등을 생각한다면 절대 부족한 금액입니다.

- 40대 이하는 국민연금보험료만 내고 나중에 혜택을 받지 못하는 속빈 강정이 될지 모릅니다. 노후가 인생의 3분의 1 이상인 장수시대에 국민연금만으로 노후 준비가 끝났다고 생각하는 사람은 거의 없습니다.
- 매스컴에서 많이 들으셨겠지만 국민연금의 소득대체효과는 매우 미흡합니다. 기나긴 노후를 보장하기에는 너무도 부족합니다. 그래서 개인연금, 국민연금, 퇴직연금 등 3층보정제도가 반드시 필요합니다.

설득화법 Action Planning

■ 국민연금 곤란 화법

다행입니다. 그러나 국민연금은 최종 수입의 어느 정도만을 지급하기 때문에 정년에 이르거나 정년이 지났을 시기에는 자녀교육비나 결혼자금 같은 목돈이 필요한 시기가 아닙니까? 연금이 나올 시기에는 목돈이 필요합니다.

■ 최저생활 유지비 화법

연금과 퇴직금은 우리가 최저생활을 영위하는 데에 필요한 자금만 제공합니다. 윤택하고 풍요로운 노후생활을 즐기기에는 아주 부족하지요.

그래서 확실한 노후를 맞이하기 위해서는 각자가 준비해야 하고, 그것을 지금부터 준비하는 현명한 지혜가 필요합니다.

■ 국민연금과 퇴직연금 부족 화법

퇴직연금의 소득대체율은 40년 가입시 20% 정도밖에 안 됩니다. 퇴직연금과 국민연금에 동시에 가입했더라도 소득대체율은 일반적으로 생애 월평균 소득의 40~50%밖에 안 됩니다. 노후생활에서 부부에게 필요한 자금이 생애 월평균 소득의 70% 정도일 것으로 판단되므로 나머지 20~30%는 개인연금으로 충당해야 합니다.

■ 수정적립방식으로 운용되는 국민연금지급률

우리나라 국민연금은 연금을 받는 돈의 일부분에 다음 세대가 낸 돈이 포함되는 수정적립방식입니다. 즉 연금급여비의 재원을 보험료 등의 수입에 따라 미리 적립하는 방식으로, 장래의 급여비용을 예상하여 그에 필요한 비용을 어느 세대에서도 동일하게 평균적으로 부담하는 방식이죠.

초기에는 연금급여비가 낮아 보험료 부담이 작지만 연금급여비가 상승하면 보험료 부담이 급격히 증가하여 세대에 따라 보험료 부담에 큰 차이가 나게 됩니다. 따라서 대부분의 국가에서 채택하는 수정적립방식은 출산율이 떨어지고 노령화가 심해지면 점점 다음 세대에 의존하는 비율이 올라가고 결국 기금이 고갈될 수밖에 없습니다.

■ 소득대체효과 작아 연금포트폴리오 리밸런싱 필요

국민연금은 실질적 소득대체효과가 작아 안락한 노후생활자금으로 활용하기에 턱없이 부족합니다. 최소한의 노후생활을 보장하는 제도이므로 각자 능력에 따라 별도로 준비한 개인연금과 퇴직연금으로 추가소득을 얻도록 다층 노후소득 보장체계를 구축해야 합니다.

■ 퇴직금 노후생활자금 활용 불가능 화법

직장의 퇴직금은 상속될 수 없고 정년까지 간다는 보장이 없지요. 노후생활자금으로 사용하면 좋은데 자칫하면 다른 용도로 쓰일 뿐만 아니라 퇴직할 무렵에 지출되는 자녀 학비와 결혼자금으로 사용하셔야 할 겁니다. 그러고 나면 노후생활은 궁핍해질 수밖에 없습니다. 그러니 두 분의 노후생활자금은 연금보험으로 준비하는 것이 현명한 방법입니다.

■ 퇴직금 이연 불가능 화법

직장인은 대부분 퇴직할 때 연금보다는 일시금으로 받는다고 합니다. 그럼 자녀의 교육, 결혼비용과 주택마련 자금으로 퇴직금을 중간 정산하여 충당할 우려가 있으므로 노후설계자금으로 활용하기가 쉽지 않습니다. 더구나 평생직장 개념이 사라지고 명예퇴직 등으로 이직률이 높아지는 추세입니다. 우리나라 근로자의 한 직장 근속연수는 평균 6년 정도입니다. 이토록 근속기간이 짧으면 퇴직금을 노후 소득재원으로 충분히 활용하기는 힘듭니다. 현실적으로 퇴직연금이 연금으로 이연되기는 어렵습니다.

■ 자산가 유리 화법

연금보험은 비과세 금융상품이므로 당연히 종합과세 대상에서 제외됩니다. 수익을 아무리 높이 올려도 금융소득이 노출되지 않는다는 점 또한 연금보험의 가장 큰 매력입니다. 따라서 부유층 고객과 세원 노출을 꺼리는 자산가에게 고액의 연금보험 가입은 안성맞춤이라 할 수 있습니다. 자산가들은 연금보험 월 불입액을 높여 은퇴 후 매월 연금으로 수령하면 금융상품에 대한 절세효과를 듬뿍 보면서도 연금 노테크 효과를 극대화할 수 있어 금상첨화입니다. 특히 정부는 세원을 확보하려고 비과세 상품을 축소 또는 폐지하려는 추세이므로 비과세 연금보험 가입은 빠르면 빠를수록 더 많은 이익을 창출한다고 할 수 있습니다.

아직 젊고 미혼이다

아직 젊다. 자녀가 아직 없다. 독신이다. 건강에 자신이 있다.
건강하기 때문에 필요 없다.

Selling Point

독신자 가정이 늘어나는 추세다. 미혼일수록, 젊을수록 생활보장을 위한 대책 마련의 필요성을 강조하면서, 젊었을 때 저축해야 하는 당위성을 피력한다. 건강해야 보험에 가입할 수 있다는 점과 건강은 누구도 자신할 수 없다는 점을 인식시킨다.

재치화법 Action Planning

- 보험은 젊고 건강할 때 더 드는 겁니다. 나이가 많든지 건강하지 못한 사람은 보험가입 자격 조건이 안 되거든요.
- 저는 보험이 필요하다고 생각되는 분, 경제력 있는 분, 건강한 분 세 가지 조건을 갖춘 분들께만 보험을 권합니다.
- 미래에 나이든 ○○님을 보살필 유일한 사람은 현재의 젊은 ○○님이란 사실에 동의하십니까?
- 젊었을 때 아무 준비 없이 불의의 사고를 당하면 남은 가족은 그만큼 긴 기간을 불행하게 보내게 됩니다. 사랑하는 부인(남편)을 위해

그리고 앞으로 태어날 귀여운 자녀를 위해 지금부터 가입해두는 것이 좋습니다.

- 보험은 젊었을 때 가입하는 것이 가장 좋습니다. 막상 자녀가 생기면 보험에 가입하고 싶어도 씀씀이가 많아져서 가입하기 힘듭니다.
- 보험증권은 신체적 건강과 자신에 대한 강한 책임감을 나타내는 보증서와 같습니다. 그렇기 때문에 독신이나 미혼인 분에게 더욱더 생명보험을 권하는 겁니다.
- 결혼하고 준비하는 것보다 미혼 때 준비하는 것이 훨씬 부담이 없습니다. 미혼 때 여유를 활용해보세요.
- 건강하니까 오래 사실 거고, 노후생활이 더욱 길어지겠죠. 100세 장수시대, 기나긴 노후생활을 즐겁게 보내려면 지금부터 은퇴자산을 준비해야 합니다.
- 보험은 건강이 나쁜 분께는 권유할 수 없을 뿐만 아니라 가입하고 싶어도 가입할 수 없습니다. 사실 건강을 자신하는 분일수록 준비에 소홀함이 있는데 보험은 건강해야 가입할 수 있습니다.
- 보험은 공기 같아서 평상시에는 중요성이나 필요성을 느끼지 못합니다. 그렇지만 실제로 필요성을 느낄 때는 대개 이미 건강을 상실한 후라서 보험에 가입할 수 없습니다.
- 곧 결혼하실 텐데 준비는 됐는지요? 결혼을 앞두면 의외로 많은 자금이 필요합니다. 지금부터 조금씩 저축하면 아주 요긴하게 쓸 수 있을 겁니다.

설득화법 Action Planning

■ 조기 가입유도 화법

나이가 들면 질병이나 사망위험이 높아지므로 보험가입이 제한될 때가 많습니다. 그러나 젊어서 보험에 가입하면 마치 우대금리를 받듯 보험료도 저렴하고 까다로운 가입제한도 받지 않습니다.

■ 건강지킴이 화법

유리컵이 깨지면 다시 붙일 수 없듯이 건강도 한 번 잃고 나면 원상태로 돌아오기 참으로 어렵습니다. 이미 매스컴을 통해 잘 알고 계시겠지만 우리나라 암 사망률이 세계 1위를 달리지 않습니까? 건강은 누구라도 과신해서는 안 되며 건강할 때 지켜야 합니다. '요즘 컨디션이 안 좋아' '당뇨일까?' '혈압이……' '몸이 무겁고……' 등 이상 기운을 자각했을 때는 이미 늦습니다.

■ 미래 불확실 화법

평생 아무런 질병 없이 건강하게 생활할 수 있으면 좋겠지만 미래는 한 치 앞을 장담할 수 없습니다. 영화배우 ○○○ 씨가 37세에 위암으로 사망했잖습니까?(일반적으로 잘 알 수 있는 인물 소개) 보험은 오늘 해결해야 할 문제이지 내일 해결할 문제는 아닙니다. 내일이 되면 바로 오늘이 되는 거니까요.

■ 그래서 화법

예, 맞습니다. ○○님은 지금 건강하기 때문에 보험이 필요 없을지도 모릅니다. 그러나 현재 건강하다고 해서 평생 건강하리라고 볼 수 없지 않겠습니까? 보험은 정작 건강이 나빠졌을 때는 가입하고 싶어도 가입할 수 없습니다. ○○님은 지금 건강하기 때문에 더욱더 가입하셔야 합니다. 또 재해는 건강과 관계없이 언제 어디서 당할지 모르기 때문에 건강도 막을 수 없습니다. 그래서 ○○님께 보험을 권하는 겁니다.

■ 사고 당사자가 고객님일 수도 있습니다

물론 그러시겠지요. 하지만 만일의 경우 남은 가족 생각은 해보셨나요? ○○님께서 불의의 사고를 당했을 때 가족의 생활비, 교육비는 어떻게 충당하시겠습니까? 각종 매스컴에서 나오는 불의의 사고들이 일부 특정한 사람들의 일은 아닙니다. 바로 내 일이 될 수도 있습니다.

■ 절제 화법

하루의 계획은 새벽에 세우고 평생의 계획은 젊을 때 만들라고 했습니다. 미혼 시절을 잘 활용하는 것은 평생을 준비하는 겁니다. 물론 나중에 가입할 수도 있지만 그때는 똑같은 상품을 훨씬 비싼 가격으로 사게 됩니다. 지금은 젊고 건강하니까 싼 보험료로 큰 보장을 받을 수 있을 겁니다. 특히 미혼은 씀씀이가 예상외로 커서 절제하지 않고 행동하기 쉽습니다. 이때 강제로 보험에 가입하면 훗날 크게 도움이 될 겁니다.

■ 독신가입 유리 화법

미국, 영국 등 서구 선진국에서는 보험에 가입했다는 사실이 결혼에 유리한 조건이라고 합니다. 그것은 건강하다는 것과 자신은 물론 가정생활에 대한 책임을 벌써부터 생각한다는 능력이 인정되기 때문이지요. 우리나라도 보험에 가입한 미혼 남성이 환영받는 것 모르세요?

■ 보험 가입주체 화법

보험은 불가항력적 사유로 경제력을 완전히 상실했을 경우 그 경제력을 유지할 수 있는 유일한 수단입니다. ㅇㅇ님에게는 물론 그와 같은 일이 없어야 하겠지만 지난번 ㅇㅇ사고(설명 당시 사회적 사건 언급)로 얼마나 많은 인명피해가 났습니까? 사고 가능성은 누구에게나 있는 겁니다. 단지 나는 절대로 아니라고 자위적으로 생각하고 싶을 뿐이죠. 유비무환은 특히 홀로 사는 사람에게 더 필요합니다. 정말 사고라도 나서 후유장애를 당하면 평생 누가 돌봐야 하겠습니까? 아플 때 항상 경제적으로 책임지고 돌봐줄 사람이 있습니까?

■ 자존심 회복 화법

한창 나이인 29세에 사고를 당해 오른팔과 왼쪽 다리가 마비된 어느 젊은이에게 의사가 지금 무엇이 제일 하고 싶은지 물으니, 첫째 몸이 예전의 상태로 복구되는 것, 둘째 최고의 치료를 받으면서 자신의 수족이 되어줄 간병인을 고용하는 것, 셋째 부모님에게 못 다한 효도를 하고 싶다는 것이었다고 합니다. 마지막으로 동정받는 삶이 아닌 어엿한 경제

주체로 남을 돕는 삶을 살고 싶다고 했답니다. 몸이 말을 듣지 않을 만큼 후유장애를 당할 경우 가장 필요한 것은 돈 아닙니까? 돈이 있으면 최악의 상황에서도 뜻을 꺾지 않으면서 인간으로서 자존을 잃지 않고 살 수 있습니다.

■ 버스손잡이 화법

버스가 급정거하면 안심하고 서 있던 사람들은 일시에 넘어지겠지요? 그러나 천장에 달린 손잡이를 꼭 잡고 있던 사람은 넘어지지 않을 겁니다. ㅇㅇ님께서 원기왕성하게 일하는 동안 버스는 순조롭게 달립니다. 그러나 급정거했을 때 사모님과 자녀는 어떻게 되겠습니까? 보험은 순간의 급정거로 위험할 때 버스 천장의 손잡이 구실을 합니다.

■ 인생 3단계 화법

인생에는 세 단계가 있다고 합니다. 출생을 제1의 인생, 결혼을 제2의 인생이라고 하면 제3의 인생은 노후의 인생을 말합니다. 옛날에는 '인생 60부터'라고 했지만 지금은 '인생 80부터'입니다. 아마도 ㅇㅇ님이 노후가 되었을 땐, 현재의 평균수명 증가추세가 이어진다면, 기대수명으로 여성은 100세까지는 살게 될 겁니다. 젊고 수입이 있을 때 먼 장래를 위해서 한 그루 사과나무를 심는 슬기가 필요합니다. ㅇㅇ님께서도 지금 능력 있고 건강하실 때 비올 날을 생각해서 우산을 마련해야겠지요.

보험은 필요 없다

필요성을 못 느낀다. 관심 없다. 내겐 위험이 닥치지 않는다. 꼭 보험에 들어야 하나?
그냥 대충 살지 뭐. 보험은 무조건(정말) 싫다. 보험에 가입할 마음 없다.

Selling Point

우리나라는 보험가입률이 세계 최고로 높지만 아직도 기피하는 사람이 있다. 보험을 싫어하는 거절 유형 가운데 응대하기 가장 어려운 타입이다. 구체적으로 무엇 때문에 보험을 싫어하는지 알아내 적절하게 오해를 풀어주는 것이 상담의 첫걸음이다. 위험사회에서 살아가는 현실에 대한 인식 부족 및 보험의 가치와 효용에 관한 이해 부족인 경우가 대부분이므로 고객의 이해를 돕고 설득한다.

재치화법 Action Planning

- 지금까지 보험회사나 가입하신 보험상품으로 불쾌했던 경험이나 좋지 않은 일이 있었던 모양이군요.
- 보험은 내가 필요해서 들기보다 사랑하는 가족을 위해 드는 겁니다. 가입하기 싫은 것은 순간이고 가족이 경제로부터 해방되어 행복한 것은 영원입니다.
- 지금은 필요 없겠지만 만약 ○○님께서 무슨 사고라도 당한다면 남

은 가족의 생활은 누가 책임을 지나요?

- 인명은 재천이지만 언제 무슨 일을 당할지 모른답니다. 한 치 앞을 내다볼 수 없는 게 사람의 운명이랍니다.
- 이 계약이 성사되든 안 되든 제 수입에는 별 영향이 없습니다. 하지만 이 계약을 하지 않으면 ○○님과 가족의 행복한 미래는 보장받을 수 없게 됩니다.
- 지금은 보험이 필요 없다고 말씀하십니다. 그러나 실제로 보험이 필요하다고 생각할 때에는 보험에 가입할 수 없습니다. 이미 늦습니다. 지금이 가장 좋은 때입니다.
- 보험은 돈 자체입니다. ○○님께서 보험이 필요 없다고 말씀하실 수는 있습니다. 그러나 남겨진 가족에게 돈이 필요 없을 거라고는 말씀하지 않을 겁니다.
- 사람은 언제 죽을지 아무도 모릅니다. 많은 사람이 보험가입 기간에 사망하지만 남은 가족은 납입한 보험료의 몇십 배를 받습니다.
- 만약 ○○님께서 돌아가신다면 그 대가는 남은 가족이 치르게 된다는 것을 아셔야 합니다. 보험은 ○○님과 소중한 가족의 보장된 미래입니다
- ○○님께서 왜 그렇게 생각하는지 그 이유를 좀 들어보았으면 좋겠습니다. 제 활동에 도움이 많이 될 겁니다.
- ○○님! 가족의 행복을 지키는 데 보험보다 더 좋은 방법이 있다면 저도 그 방법을 권유할 생각입니다.
- 고령화 시대, 은퇴설계는 경제상황에 따라 달라지는 것이 아니라

반드시 해야만 하는 필수조건입니다.

설득화법 Action Planning

■ 위험사회 화법

현재사회는 정보화사회로 건축문화 및 생활패턴 다양화, 교통 발달로 각종 사고가 매우 빈번하게 많이 일어나서 위험사회라고도 불립니다. 따라서 위험을 헤지하기 위해서는 반드시 필수 보장수단인 보험에 가입해야 합니다.

■ 소중한 가치 화법

혹시 무슨 이유 또는 어떤 사정으로 싫어하는지 말씀해주시겠습니까? ㅇㅇ님! 제게 한 10분만 시간을 내주시죠. 제가 드리는 말씀이 ㅇㅇ님께 많은 도움이 될 것 같아서입니다.(이 부분은 각자 살을 붙이고 감정이입하여 맛깔스럽게 스토리텔링으로 풀어간다.)

"나는 남편이 보험에 가입하지 않았다가 불의의 사고를 당해 고통을 호소하는 사람들의 이야기를 많이 들었습니다. 그런 이야기를 들을 때마다 나만은 다르다고 생각했습니다. 왜냐하면 남편이 보험에 가입했기 때문입니다. 그래서 보험에이전트가 방문해 추가 가입을 권유할 때도 보험을 팔기 위해서겠지 하고 대수롭지 않은 생각에 설명을 들어보지도 않고 대뜸 '우리는 이미 보험에 들었으니 필요 없어요' 하고 말하곤 했습니다. 누구나 그러하듯 내 남편만은 무사하게 영원히 살 것으로 생각했으니까요. 미망인 신세는 다른 여자에게나 생기는 일이라고 생각했습니다. 그런데 오늘 제가 미망인 신세가 되었습니다. 남편이 가입한 보험회사에 문의했습니다. 그랬더니 남편이 가입한 보험은 3,000만 원짜리였습니다. 39세 미망인으로서 세 자녀와 살기에는 너무나 적은 금액이었습니다. 왜 이리 적은 보험에 가입했단 말인가? 원망하지 않을 수 없었습니다. 그런데 언젠가 남편이 추가로 1억 원짜리 보험에 가입하는 것이 어떨까에 대해 제게 의논한 일이 생각났습니다. 나는 그때 그 돈이면 차라리 더 큰 냉장고를 들여놓을 수 있겠다 싶어 막무가내로 반대했습니다. 날짜를 따져보니 남편이 사망하기 석 달 전이었습니다. 그때 보험에이전트는 우리를 도와주려는 천사의 손길이었는데 그것을 몰랐던 겁니다. 지금 나는 가족(시부모님과 어린 자녀)을 부양하기 위해 식당에서 일하는데 무척 고됩니다. 집에는 큰 냉장고를 들여놓았지만 냉장고 안은 텅 비어 있을 뿐입니다. 그때 충분히 추가계약하지 못한 것을 후회하며 이 사연을 씁니다.(생략)"

이 글은 어느 미망인이 겪은 실화인데 편지의 의미가 사뭇 가슴깊이 와닿지 않습니까?(대답을 이끌어낸다.) 아침 일기예보에 오후 늦게 비가 온다고 일러줘도 '설마 비가 올까, 이렇게 화창한데' 하고 귀찮아서 우산을 가지고 가지 않는 경우가 많죠. ○○님께서도 그런 경험 있으시죠? 사람은 대부분 막상 일이 닥쳐야 보험의 필요성을 실감합니다. 실제로 제가 지금 ○○님께 이 사례를 든 것같이 제 주변에도 그런 분이 많으십니다. 그러나 그땐 소 잃고 외양간 고치는 식이 되고 말죠. 그러나 늦었다고 생각할 때가 가장 이른 법입니다. ○○님은 사랑하는 가족을 위해 지금 무엇을 준비해놓고 계십니까? 무엇이 가정의 행복이고 어떻게 하는 것이 참사랑인지 다시 생각해보시기 바랍니다. 아무리 보험을 싫어하더라도 가족을 위해 최소한의 재정안전보장장치는 마련해야 하지 않겠습니까? 안 그렇습니까?

■ 경제적 울타리 화법

지금은 보험가입률이 높아서 100가구 가운데 97가구 이상이 보험에 가입하고 있습니다. ○○님 댁처럼 아직 보험에 가입하지 않은 가정은 3%밖에 안 됩니다. 그만큼 보험이 생활화되었다는 의미죠. 가족을 진정으로 사랑하신다면 가장은 가족을 위해 언제 어느 때고 경제적 울타리를 확실하게 해야 합니다.

■ 원인파악 화법

활동하다보면 이런 말씀을 가끔 듣습니다. 그럴 때마다 저는 안타까운 마음이 듭니다. 혹시 전에 가입했다가 기분 나쁜 일이라도 있으셨습니까? 아니면 보험에 관한 막연한 선입관 때문입니까? 제가 참고하려 하니 그 이유를 좀 들려주실 수 있겠습니까? 가입하기 싫은 것은 순간이고 필요하다고 느끼는 것은 영원입니다.

■ 필요충분조건 화법

보험 가입은 자신과 가족에 대한 책임이고 의무랍니다. 만기금도 없는 자동차보험을 꼭 좋아서 가입하는 것도 아니고 종합진단도 꼭 좋아서 하는 것이 아니라 필요하기 때문에 하는 것과 같은 이치죠. 저는 ○○님께서 보험에 흥미가 있거나 당장 보험에 가입하실 것이라고 생각하지 않습니다. 단지 이 정보가 ○○님께 도움이 될 거라 생각합니다. 한번 들어봐 주시겠습니까?

■ 가족사랑의 징표

보험은 인간이 만든 것 가운데 가장 아름다운 제도라는 말이 있습니다. 보험은 가족사랑을 가장 쉽게 실천하면서도 오랫동안 의미가 새겨지는 징표랍니다. 그것은 남은 가족에게 간헐됨 없는 안정된 생활과 자녀 교육을 보장함으로써 가족의 행복과 자녀의 미래를 책임지는 가족사랑의 의미를 지니기 때문 아닐까요?

■ 힐링 화법

○○님께서는 보험회사의 상품을 사는 것이 아닙니다. 자녀를 위한 교육자금을, 배우자를 위한 생활자금을, 노후를 대비해서는 연금자산을 사는 겁니다. 이 계약이 체결될 때 ○○님은 편안함과 만족감을 느끼실 겁니다. 가족은 불확실 시대 미래에 대한 위안과 더불어 아빠에게 무한한 신뢰를 보낼 겁니다.

■ 배상책임 화법

나중에 사고 나면 누군가는 책임을 지게 됩니다. 문제는 그 책임을 지는 분이 현재의 ○○님이든가 남은 가족이 되든가 하는 일뿐입니다. 물론 지금 보험에 가입하면 저희 보험회사가 책임집니다.

■ 우산과 보험 화법

오늘 하늘이 맑다고 내일모레도 하늘이 맑을 수는 없습니다. 날씨는 어느 때 흐려져서 비가 올지 예측하기 어렵습니다. 우리 인생도 오늘 건강하다고 해서 항상 건강할 것이라고 누가 장담하겠습니까? 우산은 맑은 날에도 비 오는 날에도 살 수 있지만, 우리 가정의 행복을 지켜주는 우산이라고 할 보험은 항상 가입할 수 있는 것은 아닙니다. 보험은 건강하고 경제능력이 있을 때에만 가입할 수 있는 겁니다.

■ 소방차 화법

소방차는 불이 나라고 있는 것이 아닙니다. 소방차나 소방기구는 뜻하지 않게 불이 났을 경우를 대비해서 돈을 들여 준비하는 겁니다. 불이 났을 때 귀중한 인명과 재산을 지켜주기 때문입니다. 미리 준비하여 대비하는 사람만이 각종 재난에서 보호받을 수 있는 겁니다.

■ 코르크 화법

지금 제가 커다란 코르크 마개를 ○○님께 팔려고 한다면 ○○님은 어떻게 하시겠습니까? 사시겠습니까? 그런데 바다 한가운데서 보트에 구멍이 났다면 상황은 다르겠지요? 보트도 없이 헤엄을 치는 상황이라면 다를 겁니다. 보험계획도 마찬가지입니다. 지금은 건강하고 보험의 필요성을 못 느끼겠지만 언젠가 반드시 필요할 때가 올 겁니다.

■ 호미질 화법

옛말에 부지런한 농부는 잡초가 생기기 전에 호미질을 하고, 보통 농부는 잡초가 생긴 뒤에, 게으른 농부는 씨앗이 떨어진 다음에야 호미질을 한다고 했습니다. 씨앗이 떨어진 뒤에 호미질을 한다는 것은 효과가 없는 겁니다. 무용지물이죠. 우리가 행복하다고 느낄 때 더욱더 행복을 지속할 대비책이 있어야 합니다.

■ 세 번 후회 화법

혹시 이런 말 들어본 적 있으십니까! 보험에 가입한 분은 세 번 후회한다는 사실을요. 첫째는 보험에 가입한 직후 "괜히 보험에 가입했구나. 경기도 안 좋아 계속 불입할지도 모르는데. 더구나 보험 혜택을 언제 볼지도 모르고"라고 하는 고객입니다. 아마도 ○○님께서는 이런 분들과 같은 생각일 겁니다.

둘째는 보험을 어느 정도 유지하고 나면 "더 일찍 가입할 걸 괜히 꾸물거리다가 늦게 가입해서 혜택을 늦게 본다, 보장받는 금액이 작다"라고 후회하는 것이지요. 셋째는 언제인지 아십니까? 바로 보험 혜택을 받을 때입니다. 막상 사고가 났다든지 만기가 되어 보험금을 수령할 때에는 "더 큰 것으로 가입해둘 걸 그랬다"라고 합니다. 이 경우에는 누구나 그런 생각을 한다고 합니다. ○○님! 보험에 가입하거나 하지 않는 것은 ○○님의 자유입니다. 그러나 보험에 가입하지 않음으로써 나중에 ○○님 댁에 경제적 불행이 닥친다면 그것은 전적으로 ○○님만의 책임이 될 겁니다.

■ 세 가지 손해 화법

보험 가입을 미루면 세 가지 큰 손해를 보게 됩니다. 하나는 이번 가입기회를 놓치고 불의의 사고를 당하면 가정경제에 큰 타격을 입게 된다는 것이고, 또 하나는 나중에 필요성을 느껴 가입하려면 지금보다 훨씬 비싼 보험료를 내고 지금과 같은 보장밖에 받지 못한다는 것입니다. 셋째는 가입하고 싶어도 나이가 많아 조건이 아예 안 된다는 겁니다.

■ 인생예보 화법

텔레비전을 보면 하루도 빠지지 않고 일기예보를 하지만 우리 인생이 앞으로 어떻게 될지 말해주는 인생예보는 아무도 해주지 않습니다. 불확실한 것이 우리네 인생입니다. 특히 현대는 교통사고, 성인병, 각종 재해 등으로 과거보다 위험이 훨씬 증가했습니다. 우리네 미래에 대한 인생예보, 바로 보험이 해드립니다.

■ 돈과 사랑 화법

보험이 더는 필요 없다고 하는 사람 가운데 돈이 필요 없다고 하는 사람은 없습니다. “나는 보험이 필요 없다”라고 하지만 “우리 가족은 필요 없다”라고 하실 수 있습니까? 자녀들을 위해서라면 자신의 목숨도 아깝지 않은 것이 부모입니다. 그런데 왜 자녀를 위한 보장을 생각하지 않으십니까?

■ 안전주의 화법

누구나 '나와 우리 가족에게는 아무 일도 없을 것'이라고 생각합니다. 그러나 백화점이 무너질 줄 누가 알았겠습니까? 등교하던 아이가, 출근하던 남편이 다리가 무너져 먼저 갈 것을 상상이나 했겠습니까? 요새 사고는 내 잘못보다 남 잘못으로 많이 일어나 살기 불안하다고들 합니다. 사고는 예고 없는 것이고, 준비하지 않은 사람에게 한번 불행은 영원한 불행이 될 수도 있습니다. 지금의 작은 준비가 행복한 미래를 보장하는 것이지요.

■ 장례식장 화법

장례식장에 갔는데 장의사가 "나는 이 가족에게 장례비를 청구하지 않겠습니다"라고 말하는 것을 들어보신 적 있으세요? 또 돌아가신 분의 의사, 변호사, 은행, 신용카드 회사가 역시 이와 같이 말하는 것을 들어본 적이 있으십니까? 아마도 모든 채권자는 채권을 변제받기 위해 곧바로 유족을 방문할 것입니다. 이와 반대로 남은 가족이 꿈을 잃지 않게 돈을 들고 방문하는 유일한 사람은 누구일까요? 바로 저와 같은 FC입니다.

■ 인생재테크 설계 화법

인생재테크의 일환으로 저금리 시대에 더 장기적으로 많은 이익을 볼 수 있게 하려고 간접투자상품 가운데 수익률이 가장 높은 이 상품을 올바로 선택하실 수 있도록 아이디어를 제공하려고 할 따름입니다. ○○

님에게 제가 말씀드리는 인생재테크는 자산형성을 올바로 해나가는 아이디어로 크게 도움이 될 것으로 믿습니다. ○○님과 함께 제가 소중한 정보와 인생재테크에 관한 아이디어를 공유하는 것에 저는 시간을 아깝게 생각하지 않습니다. ○○님! 제게 잠시만 시간을 내어주십시오. 제가 갖고 있는 재무지식을 ○○님과 공유하고 싶습니다. 그래서 ○○님께 조금이라도 도움이 되고 싶습니다.

재산이 많다

갖고 있는 부동산이 많다. 유산을 많이 받아 보험은 필요 없다. 목돈이 많다.

Selling Point

보험의 필요성을 잘못 인식하고 보험의 장점(재테크, 세테크, 상속 가능 등)도 모를 수 있으므로 세테크 차원에서 설득하면 효과적이다. 자산운용 4분법을 토대로 보험은 재산 보전과 상속 수단으로 큰 역할을 하는 가장 안전한 장기투자상품임을 설명한다.

재치화법 Action Planning

- '부자는 3대를 못 간다'라는 말이 있지만 보험에 가입하면 자자손손 부자가 되게 만들어줍니다. 한번 재무플랜을 받아보시겠습니까?(유대인의 보험상속 예시)
- 보험은 종합소득과세 대상에서도 제외되어 자산가에게 매우 유리하므로 금융상품 가운데 최고의 절세 수단으로 활용되고 있습니다.
- 돈 많은 분들이 가입하는 보험이 바로 종신보험, 연금보험, 변액보험, 통합보험 등입니다. 저희 ㅇㅇ회사에서는 금융주치의들이 VIP

고객을 특별 관리하면서 재무서비스를 해드리고 있습니다.

- 상속세 미납으로 재산을 압류당해 차압에 들어가는 것을 본 적 있을 겁니다. 그 문제를 보험이 해결해줍니다.
- 부동산도 지키면서 세금도 해결할 좋은 방법이 있습니다. 힘들게 마련한 부동산을 쉽게 처분할 수는 없지 않습니까?
- 힘들게 번 돈이 나중에 세금으로 빠져나가면 속상하지 않을까요? 재산을 효율적으로 상속할 수 있는 가장 합리적인 방법을 알려드리겠습니다.
- 자산이 많아 죽어도 자녀들이 곤란에 빠지지 않는다고 말씀하시지만, 실제로 죽고 난 후에 상속세와 증여세 등으로 곤란을 겪는 가정을 많이 보았습니다.
- 목돈이 있으면 주변의 유혹이 많습니다. 자칫하면 곳간 쌀 새나가듯 금세 없어질 수 있습니다.

설득화법 Action Planning

■ 자산운용 4분법 화법

외국에서는 재산을 안전하게 보전하기 위해 부동산, 예금, 유가증권, 보험 네 가지 형태로 분산하여 관리하는데 이를 자산운용의 4분법이라 합니다. 보험은 저축을 겸한 투자뿐만 아니라 상속재산에 대한 상속세를 보험금으로 처리할 수 있도록 도와줍니다.

■ 가장 확실한 투자방법

참으로 행복하시겠네요. 그런데 보험이 재산형성과 보전 수단으로 매우 큰 역할을 하는 거 알고 계십니까? 보험금은 상속할 때 소득공제 혜택이 있으므로 절세 수단으로 활용할 수 있습니다. 일정금액의 보험료를 증여해도 세금이 없습니다. 증여나 상속대책으로 보험을 생각해보시지요.

■ 곳간 대물림 화법

○○님! 잠시 제가 문제 하나 낼 테니 맞춰 보실래요?

"아빠가 불의의 사고로 사망했는데 엎친 데 덮친 격으로 생전에 사업하다가 부도를 맞아 빚이 10억 원이 넘습니다. 부모님 재산은 5억 원 정도입니다. 현재 경제적 활동기에 있는 중장년층으로서 자녀가 만약 이 같은 경우에 직면할 것을 염두에 두고 해결방안을 모색한다면 최선의 해결책은 뭐라고 생각하십니까? 그리고 이때 자녀들은 어떻게 대처하면 좋을까요?"

막상 이런 일에 봉착한다면 대부분 어떻게 대처해야 좋을지 갈등하거나 상속을 포기할지도 모릅니다. 그렇죠? 그래서 '부모가 진 빚을 자녀가 상속을 포기하는 대신, 아무런 책임도 지지 않으면서 부모가 남겨준 다른 재산으로 자녀들이 안정된 삶을 살아갈 수 있게 하는 방책이 있다면 얼마나 좋을까?' 하고 생각할 것입니다. 그리고 그런 일이 사랑하는 가족에게 일어나지 않게 최선의 방지책을 모색하려 할 것입니다.

이럴 때 가뿐하게 처리하는 가장 합리적인 해결책이 딱 한 가지 있는

데 바로 보험에 가입하여 보험금을 상속하는 거랍니다. 빚이 많을 경우, 상속할 자산이 없을 경우 재산을 온전하게 물려줄 최선의 방법은 종신보험에 들어 보장자산을 물려주는 겁니다. 종신보험은 자녀에게 부채가 아닌 든든한 곳간을 남겨주는 최고의 비법, 즉 화수분입니다.

■ 세테크 필요 화법

부럽습니다. 부모님께서 커다란 우산을 준비해주셨군요! 그렇다면 ○○님은 자녀를 위해 우산을 준비해두셨나요? 설령 준비했더라도 제때 펴지는 우산인가요? 유산은 대부분 부동산이라서 급할 때 바로 쓸 수 있는 우산은 아니지 않습니까? 상속세 절감 등 세테크 차원에서도 보험은 반드시 필요합니다. 외국에서는 보험을 상속세 절감수단으로 활용하고 있습니다.

■ 채무변제 화법

부모에게서 상속받을 때 상속재산이 채무액을 초과하는 경우 이로부터 벗어나는 방법은 ① 상속인은 상속재산의 한도에서만 채무를 변제할 책임을 지게 되는 한정승인, ② 상속인은 처음부터 상속인이 아닌 것으로 되어 모든 재산을 상속하지 않는 것으로 보는 상속포기가 있습니다. 사망보험금은 두 조건 중 ①의 한정승인을 통하여 부모의 부채에 일부만 면책받을 수 있지만 ②와 같이 상속포기를 하더라도 보험금 수령에는 아무런 하자가 발생하지 않는다는 상속효과가 발생합니다.

■ 사망보험금 상속 화법

보험금은 상속세 과세기준 대상에는 포함되지만 부모의 상속재산에는 포함되지 않기 때문에 보험금 상속은 하자 없이 자녀가 그대로 승계할 수 있습니다. 즉 부모의 유산에 포함되지 않으므로 상속을 포기할 경우 부모가 보험에 가입함으로써 차후 수령하는 사망보험금까지 전부 포기로 간주되는 것은 아닙니다. 사망보험금은 피보험자 사망 후 보험수익자에게 지급되는 금액으로서 사망 이전에는 현실화되지 않는 금액입니다. 사망보험금은 보험수익자의 고유 권한으로서 부모의 부채와 아무런 상관이 없으므로 상속을 포기하면 부모의 사망으로 받는 사망보험금 전체는 채권자에 대하여 부모 부채의 변제에 대한 법적 구속력이 없습니다. 즉 보험금은 수익자 몫이므로 채권자들이 건드릴 수 없습니다. 따라서 보험에 가입할 때 사망보험금 수익자를 자녀 명의로 하면 부모가 사망한 뒤 부채가 많아 상속포기를 하는 경우가 발생하더라도 보험금은 고스란히 다 받을 수 있는 최고의 인생재테크 상품입니다.

■ 일석이조 화법

네, ○○님 정도의 재산가라면 그렇게 생각하시는 것도 당연합니다. 그런데 ○○님, 부동산은 판매 시기가 제일 중요합니다. 증여하려면 상속세나 증여세를 많이 물어야 하는데 이때 내는 세금이 무시할 수 없을 정도라서 잘못하면 부동산을 너무 싸게 팔 수도 있답니다. 이런 때 보험에 가입해두면 ○○님 재산은 전혀 손대지 않고 세금을 낼 수 있어서 부동산도 팔지 않고 일석이조이죠. 안 그렇습니까?

■ 주택보전 화법

저는 ○○님같이 부동산이 많은 분을 뵌 적 있는데 그분은 얼마 전에 돌아가셨습니다. 그런데 그렇게 재산이 많은데도 어쩐 일인지 몇 대째 살던 집을 팔고 다른 데로 이사 갔다고 합니다. 나중에 알고 보니 상속받은 집에 대한 세금을 낼 여력이 없어서 그랬다고 합니다. ○○님, 이렇게 해서 정든 집을 떠나는 사람도 꽤 있다고 해요. 그럴 때 보험에 들어놓으면 조상님께 죄 안 짓고 얼마나 좋겠습니까?

■ 최적의 해결책 제시 화법

○○님이 평생 힘들게 모아 소유한 부동산을 가족에게 물려줄 경우 가족이 실제 그대로를 다 물려받을 수 있다고 생각하십니까? 적절한 계획이 없다면 축적한 재산 대부분을 세금으로 낼지도 모릅니다. 더구나 준비가 안 된 상태에서 상속해야 하는 상황이 발생하면 상속세 때문에 강제로 재산이 매각되는 불행한 사태가 일어날 수도 있습니다. 재산에 관한 세금을 줄이고 상속세 준비에 가장 합리적인 방법은 바로 보험입니다. 참고로 ○○님께서 원한다면 상속세, 증여세, 소득세 등을 자세히 설명하겠습니다.

■ 상속세 해결 화법

참 부럽습니다. 그런데 재산이 많은 분들도 걱정거리가 있는데 그것은 바로 상속문제 아니겠습니까? 우리나라는 재산이 대부분 부동산이기 때문에 상속할 때 자녀에게 그 부동산을 분배 상속해야 하는 문제가 있지요? 또 과중한 상속세를 물어야 하고요. ○○님! 주위에서 상속세를 미납하여 재산이 압류당해 차압에 들어간 것을 본 적이 있을 겁니다. 가장이 사망하였을 때 상속세가 의외로 많습니다. 그 때문에 부동산이 많은 분들은 종신보험에 가입합니다. 종신보험을 이용하면 과중한 상속세를 보험금으로 납부하고, 재산은 자녀에게 그대로 물려줄 수 있기 때문입니다.

■ 목돈유혹 제거 화법

목돈은 유혹이 너무 많습니다. 제 주변에 연세 많은 부자들 보면 은행에 목돈 맡긴 분들은 자식들한테 빼앗기든지 부동산 하는 사람들의 꾐에 넘어가 탕진하는 경우가 많습니다. 특히 자식의 사업이 어려울 경우 도와주지 않을 부모는 없을 겁니다. 노후에는 그 누구도 손댈 수 없게 매월 월급 형식으로 노후자금이 나오게 은퇴설계를 해야 합니다. 그래야 내 노후자금을 안전하게 지키면서 노년을 즐겁게 보낼 수 있습니다.

내가 죽더라도 가족은 괜찮다

나중에 어떻게 되겠지 뭐! 그때 가면 어떻게 되겠지.
자식들은 스스로 어떻게든 살아갈 테니까 걱정 없다.
내가 죽더라도 가족이 곤란하지 않다.

Selling Point

가장으로서 자존심이 매우 강하고 생활력도 있지만 보험에 대한 인식이 결여된 경우가 많고 자식은 제 밥벌이는 스스로 한다는 사고가 강하다. 따라서 자존심을 지켜주면서 진정한 가족사랑 실천방법을 제시해 보험의 미래가치와 효용성을 이해하도록 설득하는 기술이 필요하다.

재치화법 Action Planning

- 일상생활에서 마음을 괴롭히는 세 가지 원인이 무엇인지 아십니까? 세금, 질병, 대출금입니다. 보험은 이 세 가지를 모두 해결해드립니다.
- 이 보험은 사망했을 때뿐만 아니라 고령화시대에 장수하셔도 노후생활자금으로 많은 도움이 될 겁니다.
- 장래를 대비해서 어떤 준비를 따로 하고 계시다면 다행이지만 그렇

지 못하다면 ㅇㅇ님을 의지하는 가족에게 너무 무책임한 말씀 아닌가요?

- '진인사대천명'이란 말씀 아시죠? 사람은 언제나 손닿는 한 모든 노력을 한 연후에 결과를 기다려야 한다는 것이죠.
- 미래를 위해 준비하는 태도는 소중합니다. 내일 내릴 비를 걱정해서 오늘 우산을 펴지는 않지만 자동차 트렁크나 핸드백에 우산을 갖고 다니는 준비성도 필요합니다.
- 자식은 부모가 생각한 대로 성장하지는 않습니다. 또 한 가정의 가장이자 수입원인 아빠가 사망하면 자녀의 희망과 계획을 좌절시키게 됩니다. '나중에 어떻게 되겠지'라는 식으로 생각하지만 세상은 그렇게 만만하지 않은 것이 현실입니다.

설득화법 Action Planning

■ 후유장애 화법

동감입니다. 부인 또는 자녀가 사망한다면 기뻐할 남편 또는 아빠는 이 세상에 없을 겁니다. 하지만 현재와 같이 사고가 많은 불확실성의 시대에 만일의 사고를 당해 후유장애 상태가 될 경우를 생각해보십시오. 사망보다 후유장애가 더 무섭습니다.

■ 삶의 안전장치 마련 화법

만약 ㅇㅇ님께 사고가 난다면 모르긴 해도 사모님은 직장을 구해야 하고 애들은 엄마와 떨어져 지내야 할 겁니다. 아내와 자녀를 진정으로 사랑하고 생각하신다면 가족이 편안하게 살 수 있게 경제적인 배려(삶의 안전장치)를 해야 하지 않을까요?

■ 양초 화법

양초에도 불을 붙여야 가치가 살아나듯 보험도 평소에는 중요성이나 필요성을 느끼지 못하지만 실제로 필요성을 느꼈을 때는 건강을 잃은 뒤 또는 불행한 사고를 당한 이후라서 보험에 가입할 수 없게 된답니다. 촛불이 꺼지기 전에 불을 살릴 방법을 강구해야 합니다.

■ 아빠의 품속 화법

어린 자녀를 데리고 수영장이나 바닷가에 가신 적 있지요? 그때 ○○님은 아마 어린 자녀를 팔로 안고 물속으로 들어가셨을 겁니다. 물이 깊어질수록 아이는 팔에 힘을 주며 ○○님의 목을 감싸안고 "아빠, 꼭 잡아야 해!"라고 했을 겁니다. 이 세상에 어떤 것도 아이를 감싼 ○○님의 손을 풀지는 못할 겁니다. 이것이 제가 말하는 보험입니다. ○○님 가족이 수영하는 법을 터득할 때까지 ○○님 가족을 감싸줄 또 하나의 든든한 아빠의 품인 셈이죠.

보험 들 돈 있으면 장사 밑천으로 쓰겠다

돈이 있으면 차라리 사업자금으로 쓰겠다.

Selling Point

상인들에게 보험을 권유하면 거의 대부분 이렇게 거절한다. 계속 방문하여 유대관계를 맺으면서 고객의 경제 상황을 파악하고 적절한 화법을 구사하면서 설득하는 것이 중요하다. 보험의 가치를 제대로 인식하지 못해서 거절하는 것이므로, 직접적으로 보험금이 도움이 된 사례를 설명하는 것이 좋다.

재치화법 Action Planning

- 장사도 가정의 행복이 보장돼야 더 잘된답니다. 그래서 보험을 힐링상품이라고 합니다.
- ○○님, 보험에 가입하는 것은 장사 밑천을 한 보따리 장만하는 것과 같습니다.
- 장사에는 목돈이 필요하지만 보험은 푼돈 모아 가입하기 때문에 용도가 다릅니다. 하루 담배 1~2갑 정도면 됩니다.
- 가족의 장래 행복을 보장하기 위해서는 반드시 보험에 가입해야 합

니다.

- 목돈마련 외에 만약의 사고에 대비하는 것은 중요하다고 생각하지 않으십니까?
- 혹시 ○○님께서는 다른 저축수단을 이용하고 계십니까?
- 춘궁기를 대비해서 쌀을 갈무리해두듯이 보험은 반드시 예비수단으로 가입해야 합니다.

설득화법 Action Planning

■ 보험은 우산과 마찬가지입니다

보험은 둘도 없이 소중한 가족을 인생의 폭풍으로부터 지켜주는 우산이나 비옷과 마찬가지예요! 가족에게는 튼튼한 보장이라는 방파제가 꼭 필요합니다.

■ 때는 늦으리 화법

사람은 당장 눈에 보이는 것만 선호하게 되어 있습니다. 꼭 먹어봐야(당해봐야) 좋은 점을 안다면 그때는 이미 버스는 멀리 떠나간 거나 마찬가지입니다.

■ 두 다리 짝 화법

네, 정말 오직 이익만을 남기기 위해서라면 장사 밑천으로 돌리는 편이 훨씬 좋습니다. 그러나 ○○님, 장사도 잘하고 보험에 가입하여 불의의 사고 등 후환도 없게 해놓으면 더 좋지 않을까요? 스트레스 안 받고 마음 편하게 사는 것이 최고라고 생각합니다.

■ 신용 화법

요새는 신용사회입니다. 은행이나 아는 사람이 ○○님에게 돈을 빌려주는 것은 신용이 있기 때문 아닙니까? 그런데 ○○님께서 불의의 사고를 당해 일을 할 수 없게 되었다고 할 경우 누가 돈을 계속 빌려주겠습니까? 보험은 만일의 사고에 대비하는 안전장치입니다.

■ 안심료 화법

장사하는 분은 누구나 조금이라도 여유자금이 있으면 장사 밑천으로 돌리겠다고 합니다. 장사하는 분으로서는 당연하겠지만 이럴 때일수록 편안히 생활하는 데 도움이 되는 안심료(安心料)라고 생각하면서 보험에 가입하면 마음도 홀가분하고 의욕도 더 생겨 보험료 이상의 수입을 충분히 올릴 수 있습니다.

■ 샐러리맨 비교 화법

자영업을 하는 분들은 대부분 또래 직장인보다 소득이 높습니다. 그리고 가족을 위해서라기보다 사업을 확장하기 위해 자금을 비축하거나 재투자하는 것이 현실입니다. 그런데 이분들은 샐러리맨과 달리 소득의 안전망이 없습니다.

말하자면 퇴직금이 없고 사고를 당해도 회사에서 사망위로금이나 정부에서 산업재해보상금 등이 나오지 않죠. 믿을 건 나밖에 없는 형국입니다. ○○님, 안 그렇습니까? 그런데 무슨 사고라도 당한다면 ○○님만 의지하고 살아가는 가족은 어떻게 되겠습니까?

세계 톱 에이전트가 말하는 실전화법 노하우

재무컨설팅을 할 때 가장 중요한 원칙은 고객에게 바른 길을 선택할 대안을 제시하는 것이다. 고객에게 다양한 플랜을 제안하고, 그중에서 고객 스스로 가장 적합한 안을 선택할 수 있도록 조언하는 것이다. 무리한 재무니즈가 있을 경우 고객이 이를 깨닫고 다른 방안을 모색하도록 특별한 최적의 재무플랜을 제시해야 한다. 하지만 무엇보다 중요한 것은 고객이 이해할 수 있는 방식으로 고객에게 제안해야 한다는 것이다. 물론 고객들은 다양하여 그들이 이해할 수 있게 제안하기는 쉽지 않다.

변액보험상품의 분산투자와 분할투자 등 위험관리방법에 대해 고객의 코드에 맞춰 설명하고 설득하는 컨설팅이 매우 중요하다.

- 론 스티븐슨(Ron Stevenson)

보험가입 불가능형 고객 거절처리화법

Action Planning

경제적으로 여건이 성숙되지 않았다고 하지만 그에 국한되는 것이 아니라
장기간보험료를 불입할 자신감이 결여되는 데서 오는 소극적 행동심리다.
이런 경우에는 긍정적 사고와 미래의 청사진을 확실하게 제시하는
인생카운 슬러 역할이 필요하다.

경제적 여유가 없다

지불능력이 없다. 돈이 없다. 생활하기도 벅차다. 먹고살기도 힘들다.
지금은 형편이 안 좋다. 빚이 많아 여력이 없다. 생활하기도 어렵다.
학비 때문에 힘들다. 교육비가 많이 든다.

Selling Point

진정으로 여유가 없어서 거절하는지 아니면 피하기 위해 하는 말인지 분별하면서 자존심 상하지 않게 화법을 전개한다. 지금의 어려움도 사전에 준비하지 않았기 때문에 생겼다는 것과 적은 보험료로 가족을 위한 많은 부담(보장자산)을 해결할 수 있음을 인식시킨다.

재치화법 Action Planning

- ○○님의 소득으로도 현재 생활하기 어렵다고 느끼신다면, 만약 사고가 나서 소득 없이 생활해야 한다면 어떨 거라고 생각하십니까?
- ○○님의 가족을 보호하기 위해 십일조를 낸다고 생각하고 한 달에 소득의 10%만 가족과 ○○님의 미래 행복을 위해 투자하세요.
- 생활비의 일부라 생각하고 다시 한 번 재무플랜을 세워보세요. ○○님 댁 같으면 얼마든지 여유가 있으리라 생각하는데요.

• 이 ○○보험은 보험료가 저렴하기 때문에 가계에 부담이 되지 않습니다. 한번 여기를 봐주시겠습니까?(재정안정플랜 제시)
• 그렇다고 이렇게 힘든 삶을 후세에게까지 물려주면 안 되지 않습니까? 지금 여유가 없다면 미래엔 더 여유를 찾을 수 없을 겁니다. 여유는 언제나 없습니다. 여유는 생각하기 나름입니다.
• 현재 수입이 있는데도 보험에 가입할 정도의 여유가 없다면, 나중에는 무슨 일이 일어날까요?
• 저축은 쓰고 남은 돈을 모으는 게 아니라 쓸 돈을 쓰지 않고 아껴서 모으는 겁니다. 즉 저축은 오히려 있는 사람보다 없는 사람에게 더욱 절실한 겁니다.
• ○○님께서 지금 돈이 없다고 말씀하시는 데는 희망이 있는 겁니다. 그러나 미망인이 되실 사모님께서 돈이 없다고 말씀하신다면 그것은 희망이 없는 절망어린 말로밖에는 들리지 않을 겁니다.
• 빚이 있더라도 젊었을 때 절약하여 보험에 가입해서 가장 큰 빚인 가정의 행복보장 부담을 덜어야 합니다.
• 빚이 많아 불안할수록 마음의 지주가 되는 확실한 안심보장이 필요합니다. 빚이 많다고 자녀교육이나 불행에 대비하는 방법을 중단할 수는 없잖아요.
• 공공요금이 인상되면 처음엔 부담스럽다가 곧 적응하지 않던가요? 공공요금이 인상되었다고 생각하고 남편 용돈과 생활비의 일정액을 줄여서 보험에 가입해두시죠.

설득화법 Action Planning

■ 실질적인 경제도우미 화법

미국의 유명한 보험에이전트 버트 팔로가 40년 이상 보험영업을 하면서 고객을 분석해본 결과 40년 전 여유가 없다고 보험가입을 거절한 사람들이 40년이 지난 지금도 대부분 여유가 없다고 말한다고 합니다. 그런데 40년 전 허리띠를 졸라매고 불필요한 지출항목을 줄여서 보험에 가입한 사람들은 40년이 지난 지금 훨씬 더 안정적으로 충실하게 살고 있다고 합니다. 보험은 나와 내 가족이 지금의 경제 상황보다 악화될 가능성을 사전에 막아주고 현실에 더욱 충실하게 살아갈 수 있도록 도와주는 경제도우미입니다.

■ 황금돌 비유 화법

어느 뱃사람이 항해를 준비하는데 마침 바닷가를 지나던 노인이 신비스러운 주머니를 주면서 "이 속에 돌을 넣어가시오. 항해를 마치고 무사히 목적지에 도착할 때쯤이면 주머니 속의 돌은 당신에게 한 가지 기쁨과 한 가지 후회를 줄 것이오"라는 알쏭달쏭한 이야기를 하고는 연기처럼 사라졌지요. 그러나 뱃사람은 돌멩이를 많이 넣으면 무거워서 힘들 것이라 생각하고 조그만 공깃돌 한 개만 넣고 항해를 떠났습니다.

목적지에 도착해 주머니를 열어보았더니 주머니 속의 돌은 어느새 황금으로 변해 있는 게 아닌가요? 황금으로 변한 돌을 꺼내는 순간 기쁨도 잠시, 뱃사람은 땅이 꺼지게 한숨을 쉬며 탄식할 수밖에 없었답니다. '큰 돌멩이를 여러 개 넣었더라면 더욱 좋았을 것을…… 하고요.' 보험료를 내면 당장의 생활에는 부담이 될 수 있습니다. 그러나 신비스러운 주머니에서 돌이 황금으로 변했듯이 ㅇㅇ님께서 지불한 보험료가 유사시에는 황금 같은 보험금으로 변합니다. 혹시 이때 '왜 보험료를 더 많이 납입하지 않았던가?' 하는 후회를 남기지 않으려면 지금 충분히 준비하셔야 합니다. 지금 여유 없을 때 살림을 잘 쪼개 보험에 가입하면 나중에 더 큰 여유를 낳습니다.

■ 제안플랜 가치 화법

말씀하신 것은 알겠습니다. 어느 가정이라도 많든 적든 재정문제는 다 있습니다. 그러나 중요한 것은 이러한 상황에 계신 많은 분이 제가 제안하는 정보와 해결안이 매우 가치 있다고 판단하셨다는 것입니다. 그래서 꼭 ㅇㅇ님을 만나 뵙고 가정의 재정안정을 위한 보장플랜에 대해 말씀드리고 싶습니다.

■ 부자의 갈무리 화법

ㅇㅇ님! 제가 많은 사람을 만나는 것을 잘 아시지요?(답변을 구한다.) 그런데 사람들이 참 다양합니다. 제가 요새 이 상품을 권하면서 한 가지 새로운 사실을 알게 되었는데요. 그게 무엇인지 아세요? 바로 부자, 보통 사람, 가난한 사람의 차이점입니다. 맨 처음 종자돈은 누구나 많지 않습니다. 적은 돈을 언제부터 어떻게 활용하여 굴려나갔느냐에 따라 차이가 발생하는 것이지요. 즉 부자들은 지금 아무리 힘들어도 기본적

으로 더 잘살기 위해 갈무리를 해놓는다는 겁니다.

■ 참뇌력 발산 화법

지금 힘들고 여유가 없다고 하는 분들은 대개 10년 뒤에도 비슷한 말을 합니다. 인간의 경제적 참뇌력이란 것이 있는데요. 사람은 자기가 돈을 많이 벌고야 말겠다는 강한 신념을 갖고 일하면 현재의 소득보다 무려 16~17배까지도 벌 수 있다고 합니다(하버드대학교에서 분석한 자료에 따름).

단지 잠재능력을 계발하지 못하고 의지가 약해서 그것을 현실로 만들지 못할 뿐이라고 합니다. 제가 보기에 ㅇㅇ님께서는 얼마든지 이 정도 금액은 불입할 능력이 충분하다고 생각하는데 제 판단이 틀렸나요? 아니죠? ㅇㅇ님! 인생재테크는 누구에게나 반드시 이루어져야 할 필수적인 삶의 요소입니다. ㅇㅇ님께서는 이 정도 보험료는 10년 아니 20년 이상 불입할 능력이 충분하십니다. 추가납입(또는 가입)도 당연히 하실 수 있을 거라고 저는 확신합니다. 안 그렇습니까?

■ 월급보장 화법

몇 달 동안 돈을 못 받는다고 가정해보십시오. 지금 아빠가 월급을 가져오는데도 생활이 빠듯한데 만약 ㅇㅇ님이 봉급을 전혀 받을 수 없는 상황이 생기면 가족은 어떻게 생활할 것이라고 생각하십니까? 그래서 지금 월급으로 생활하기도 어렵다는 분이야말로 반드시 보험으로 미래를 준비하셔야 합니다.

■ 수호천사 화법

보험에는 물론 돈이 들지만 보험이 없다면 더 큰 희생이 따릅니다. 자칫 ○○님의 자녀가 어려움을 당할 수도 있습니다. 자녀는 다른 아이들과 같이 공정하게 출발할 수 없게 됩니다. ○○님께서는 자녀를 위해 생명도 바치실 겁니다. 그렇게 귀한 자녀를 보장하는 계획을 하루속히 세우실 수 있게 ○○님 곁에 제가 항상 대기하겠습니다. 가정의 수호천사 구실을 제가 하겠습니다.

■ 미룰 문제가 아닙니다

○○님께서는 보험에 가입하고 나면 생활하기가(도) 힘들다고 하십니다. 그렇다면 ○○님이 안 계셔서 소득이 끊어졌을 때 보험에 안 들고 놔둔 돈이 얼마나 도움이 될 것으로 생각하십니까? 보험은 만일의 불행한 사고를 당했을 때 적절한 경제적 보장책이 없는 사람들에게 필요한 겁니다. 따라서 지금 당장 여유가 없다고 가정의 행복을 뒤로 미룰 수는 없습니다. 여유는 어떻게 생각하느냐에 따라 다르게 느껴지거든요.

■ 최소의 돈으로 최대의 보장을……

여유가 없을 때 만일의 경우를 당한다면 정말 꼼짝할 수 없게 되지요. 보험료를 많이 내야 보장자산을 많이 확보하는 것은 아닙니다. 저희 회사에서 판매하는 상품 중에는 저렴한 보험료로 대형보장을 받을 수 있는 보험상품이 있습니다.

■ 가족의 미래를 그려보세요

더 어려운 시기를 대비하여 가정경제의 보장자산을 조금씩 준비하는 것이 실패하지 않는 삶의 지혜입니다. 지금이 어렵다고 준비하지 않는다면……. 만일의 경우 가족의 미래를 그려보셨습니까? 그때 가서 세월은 되돌려지지 않습니다. 저와 상의하시면 다양한 준비방법을 안내해드립니다.

■ 마음의 여유 화법

여유가 없는 것은 부자나 가난한 사람이나 똑같습니다. 수입이 늘면 그만큼 소비도 늘기 때문입니다. 여유는 아끼고 절약하는 가운데 얻어지는 겁니다. 진정한 여유는 마음의 여유에서 생긴다고 합니다. 가정의 미래에 안심이 생기면 그만큼 여유가 생기는 것이지요. ㅇㅇ님께서 조금만 더 절약하셔서 보험료를 마련하면 가족의 행복을 보장받을 수 있습니다.

■ 행주 화법

가정경제는 행주 같아서 짤수록 여유가 생깁니다. 저희 고객 중에도 여유가 없다고 거절하다가 꾸준한 설득을 못 이겨 가입한 분이 있습니다. 얼마 전 만기보험금을 받으셨는데 그분이 "가정경제는 행주 같아서 여유가 없는 듯하면서도 짜면 짤수록 여유가 생긴다"라고 하면서 저에게 고마움을 표시하더군요.

■ 티끌모아 태산 화법

네. 맞습니다. 힘드시겠군요. 요즘은 누구나 힘들어합니다. 그렇다고 힘들게만 살아서야 되겠습니까? 안락한 생활은 그저 오는 것이 아닙니다. 티끌이 모여 태산을 이루듯 내일을 위해 조금씩 저축하는 가운데 미래의 안정된 생활을 보장받습니다.

■ 그 누구도 빚을 갚아주지 않습니다

빚이 많으시다니 신용이 두터우신가 보죠? 빚이 많다고 저축하지 않는다면 빚은 누가 갚아주며, 만일의 경우 ○○님과 가족의 장래는 누가 책임지겠습니까? 빚이 많을수록 보험에 가입해서 만일의 경우를 당하더라도 ○○님과 남은 가족이 빚 청산으로 인한 과중한 부담에서 벗어나 안정된 생활을 영위할 수 있게 해야 하지 않을까요?

■ 가족에 대한 빚이 더 큽니다

○○님께서 빚 때문에 고민하시는데, 가족의 생활보장이나 자녀교육 빚처럼 무서운 것이 또 있을까요? 빚이 많을수록 오히려 보험에 가입해서 만일의 경우를 당하더라도 가족을 안전하게 지킬 수 있어야 하지 않겠습니까?

■ 앞으로는 더 많은 자금이 필요합니다

옳으신 말씀입니다. 요즈음 교육비가 워낙 엄청나게 들어가서 다른 것은 좀처럼 엄두를 낼 수도 없는 실정이죠. 그렇다고 가만히 계실 수만도 없지요. ㅇㅇ님, 여기 재무플랜을 한 번 보시겠어요? 앞으로 더 많은 자금이 필요하게 됩니다. 자녀들이 학교를 마치고 사회에 나가면 결혼 자금이 필요한데 그때는 일시에 많은 돈이 들어가게 되어 지금보다 더 압박을 받을 겁니다. 지금부터 준비하셔서 자녀들이 밝고 환한 모습으로 사회에 진출하고 새 가정을 꾸릴 수 있게 해야 하지 않겠습니까?

수입이 일정하지 않다

장사가 잘 안 돼 보험은 엄두도 못 낸다.

Selling Point

수입이 일정하지 않은 가정일수록 경제적으로도 안정된 기반을 다지지 못한 경우가 많으므로 수입이 줄어들 때를 대비해 필수자금을 마련해야 함과 수입이 불안정할수록 만일에 대비해야 함을 상기시킨다. 거절을 너무 심각하게 받아들이지 말고 경청하면서 설득 기회를 찾는다. 계절 사업자나 자영업자에게는 비월납으로 유도한다.

재치화법 Action Planning

- 보험은 장사가 잘되고 여유가 있다고 가입하는 것은 아닙니다.
- 일정한 시기에 얼마의 목돈을 마련하려면, 미리 저축해야 그때 가서 계획에 차질이 없지 않을까요?
- 불경기일 때 ○○님께 만일의 경우가 닥치면 그때는 정말 어떻게 하시려고요?
- 불경기라고 자녀 교육을 중단할 수는 더욱 없겠지요?
- 농담이겠죠. 이렇게 큰 상점을 보고 누가 장사가 시원치 않다고 하

겠어요? 겸손도 지나치면 자랑이 된다고 합니다.

- 보험에 가입하면 장래에 대한 걱정이 없어져 오히려 마음 놓고 생활하므로 하시는 일이 더 잘될 겁니다.
- 수입이 일정하지 않을수록 보험에 가입해 미래를 준비해야 합니다.
- 저희 회사에서는 이러한 경우를 대비하여 3개월, 6개월 또는 1년에 한 번씩 보험료를 한꺼번에 납입하는 제도가 있습니다. 이 제도를 활용해보는 것이 어떻겠습니까?

설득화법 Action Planning

■ 가족사랑 화법

흔히 '지금은 불경기라 장사가 안 돼 수입이 적으니 다음에 좋아지면 그때 생각해본다'고 하는 분이 많은데, 막상 수입이 늘거나 하면 이것저것 사고 싶고 생활욕구도 커져 보험에 신경을 안 쓰려 한답니다. 제가 보기에는 정말 보험에 가입할 분들은 수입과 지출의 많고 적음에 관계없이 가족사랑 차원에서 가입하는 것 같습니다. ○○님도 누구보다 가족을 사랑하시잖아요?

■ 은퇴자산 마련 화법

세상에 쉬운 일은 없나 봅니다. 직장생활을 하는 분들은 틈만 나면 장사를 해보고 싶다고 말하고 반대로 장사하는 분들은 직장생활이 그립다고 말하시더군요. 직장생활을 하려면 남의 밑에서 구속받는 것이 부담

되고 고정수입으로 생활하자니 단기간에 생활이 윤택해질 수 없는 단점이 있습니다. 그러나 장사하는 분들은 자기자본이 있어야 하고 자칫 잘못하면 소중한 자본금까지 없어질 위험도 안게 되는 어려움이 있죠. 그보다 장사하는 분들의 더 큰 불편은 퇴직금제도가 없어 직장인보다 불안정한 생활을 해야 하고 복리후생제도가 없어서 자녀교육비가 많이 든다는 점입니다. 자칫하면 자신의 노후를 돌볼 겨를이 없게 되죠.

■ 가족 위한 준비 화법

사업하는 분들은 대개 이렇게 말씀하시더군요. "사업은 잘될 때도 있고 그렇지 못할 때도 있다"라고요. 모든 것이 다 그렇겠지만 사업도 어려울 때는 나중을 위해 충분히 준비하는 것이 아니겠습니까? 더군다나 가족을 위한 만약의 대비에는 인색하지 않으시겠죠.

■ 불경기 대처 화법

불경기라고 해서 하던 일을 미루시겠습니까? 장사하는 분들은 대개 같은 말씀을 하시더군요. 그런데 장사는 잘될 때도 있고 안 될 때도 있지 않습니까? 엎친 데 덮친다고 어려울 때 더 큰 어려움이 생기는 것이 세상사인 것 같아요. 보험은 이런 위기를 슬기롭게 극복해드립니다.

■ 위기극복 화법

지금 어렵다는 것은 이해가 갑니다. 그렇다고 미래를 대비하지 않는다면 미래 또한 어떻게 되겠습니까? 어려울 때일수록 저축하라는 말도 있습니다. 지금의 어려움을 거울삼아 밝은 미래를 설계해보십시오.

■ 폐업 가정 화법

ㅇㅇ님! 만약 이번 주 또는 다음 주 아니면 몇 달 동안 장사가 안 된다고 생각해보십시오. 그런 일이 있으면 어떻게 살아가겠습니까? 만약 장사를 전혀 할 수 없는 불행한 상황이 생긴다면 가족은 어떻게 생활할 것이라고 생각하십니까?

■ 보험료 납입제도 활용 화법

이러한 경우를 대비하여 저희 회사에는 비월납제도와 일시납제도가 있습니다. 그리고 가입했다가 불시에 목돈이 필요하면 약관대출을 이용할 수도 있어 자금이용에 큰 보탬이 될 겁니다.

■ 재무플랜 화법

저는 개인사업하는 분들이 부럽습니다. 개인사업은 열심히 노력한 만큼 대가가 돌아오니까요. 지금 수입이 일정하지 않다는 것은 수입이 적을 때도 있지만 수입이 많을 때도 있다는 말이라고 생각합니다. 이럴 때 필요한 것이 계획입니다. 제가 ㅇㅇ님의 재무플랜 세우는 일을 도와드리겠습니다.

계를 하고 있다. 적금을 붓고 있다. 은행에 예치해놓았다.

Selling Point

보험과 저축의 차이점과 장점을 비교하면서 이해시키고, 금융자산의 포트폴리오 차원에서 자신과 가족의 미래생활 안정을 위해서는 보험이 필수임을 강조한다. 특히 계(契)의 위험성을 각종 예를 들어 인식시키고 저축과 보장을 겸하는 저축성보험의 이점을 설명한다.

재치화법 Action Planning

- 가정의 행복은 저축만으로는 보장될 수 없습니다. 저축도 하고 보장도 받을 수 있는 일석이조의 상품 선택이 현명한 재테크 방법입니다.
- 저축은 현실과 내일을 위한 것이지만 보험은 미래와 가족의 행복을 보장하기 위한 겁니다.
- 저축은 일정 기간 후 원금에 이자만 약간 가산되어 나오기 때문에 예고 없는 재난에 대처하기 힘듭니다.

- 보험은 저축기능과 함께 그보다 더 큰 위험보장을 약속하기 때문에 저축보다 효용이 훨씬 크다고 할 수 있습니다.
- 저축은 재산을 모을 수 있는 좋은 수단이지만, 가입자가 중도에 사망하면 아무런 보장도 제공하지 못합니다. 그러나 보험은 모든 것을 해결해줍니다.
- 재산을 형성하기 위해 저축하는데 그 기간이 오래 걸립니다. 그러나 보험은 즉시 재산을 형성해주면서 저축을 도와줍니다.
- 계를 하신다고요? 안심할 수 있는 곳이라니 다행입니다. 그러나 만약의 경우를 당한다면 계를 넣을 수 없을 뿐만 아니라 앞으로 일이 어떻게 될지 불안하지 않겠습니까?
- 요즘 보면 별의별 계가 성행한다는데 언제 깨질지 모르는 계에 피땀 흘려 번 돈을 맡기는 것은 너무도 큰 모험입니다.
- '돈이 사람을 속이지 사람이 사람을 속이냐?'라는 말이 있습니다. 계를 하다가 만일의 사고가 벌어지면 이자는 고사하고 원금마저 찾을 수 있는 안전장치가 전혀 없는 것이 문제입니다.

설득화법 Action Planning

■ 방파제 화법

저축이나 보험은 모두 장래를 위해 준비한다는 면에서는 같지만 그 방법에서는 차이가 큽니다. 저축도 가정의 장래를 약속하는 수단이지만 보험보다는 못합니다. 그것은 둑과 방파제의 차이라고나 할까요? 둑은 장마에도 터질 수 있지만 방파제는 거센 파도를 막아줍니다. 큰 재난을 막아주는 보험은 방파제같이 어떠한 충격도 이길 수 있습니다.

■ 돼지저금통 화법

저축은 마음만 먹으면 언제든 매듭을 풀고 현금으로 사용할 수 있습니다. 그러나 보험은 돼지저금통과 같습니다. 돈을 쓰려면 돼지저금통을 파손해야 하므로 그러한 행위 이전에 다시 한 번 생각할 시간을 갖게 되고 현금 사용 욕망을 억제할 수 있으므로 금액보존이 가능합니다. 만약 긴급하게 현금이 필요할 때는 약관대출제도를 활용하면 됩니다. 복주머니보다는 돼지저금통이 낫습니다.

■ 인생의 우산 화법

참 잘하셨습니다. 은행적금을 타면 앞으로 목돈이 생기겠군요. 그러나 아무리 목돈이 필요해도 중간에 사고가 생겨서 큰일이 닥치면 오히려 적금은 중단되고 맙니다. 물론 필요한 자금을 대출받는 방법도 있습니다. 그러나 잘나갈 때는 은행에서 대출받기 쉬운 편이지만 한 번 형편이 어려워지면 은행은 담보물 챙기기에 급급하기 때문에 기존 대출마저 회수하려는 경우를 흔히 볼 수 있습니다. 그러나 보험은 다릅니다. 보험에 가입하면 만기에 목돈이 생기는 것은 물론이고, 중간에 사고가 생기면 보험금을 타게 됩니다.

잘나갈 때는 보장보험료만큼 비축했다가 인생의 비 오는 날에는 보험금이라는 우산을 드리는 셈이지요.

■ 불의의 사고 화법

적금을 붓는 도중에 불의의 사고가 닥친다면 그때까지 낸 돈에 원래의 이율이 아닌 약간의 이율만 받게 되지만 보험은 한 가정이 앞날을 충분히 지탱할 수 있게 해줍니다. 만일 적금을 붓는 도중에 불의의 사고가 나면 생활은 어떻게 꾸려가시겠습니까? 불의의 사고는 적금으로 해결되지 않습니다.

■ 하늘나라에서 아빠가 보내주는 생활비

어떤 부인이 ○억 원을 들고 와서 예금했습니다. 그리고 다음 달부터 은행을 찾아와서 매달 ○○만 원씩 찾아가는 것이었습니다. 그런데 은행에 올 때마다 그 부인은 어린 딸을 데리고 와서는 딸에게 이렇게 말했습니다. "이 돈은 작년에 하늘나라로 가신 아빠가 우리 예쁜이와 엄마를 위해서 매달 부쳐주시는 생활비란다." 진정으로 가족에게 필요한 것은 이자보다도 (종신)보험입니다.

■ 수통과 저수지 화법

평소 가물지 않을 때는 물의 중요성이나 필요성을 크게 느끼지 않지요. 그러나 가뭄이 닥치거나 수돗물이 나오지 않을 때는 물의 중요성을 절실히 느낍니다. 여기에서 저축과 보험을 물의 용도에 비유해 차이를 알아보면, 저축은 한정된 양의 물만 들어가는 수통 같습니다. 그러므로 물이 떨어지면 그때그때 물을 담아야 합니다. 그러나 보험은 항상 물이 고여 있는 저수지 같아서 필요할 때는 언제든 퍼다 쓸 수 있게 물이 가득 차 있는 것과 같습니다.

■ 알거지 화법

아는 사람끼리 친목도모를 하신다면 별 문제가 아니지만 만약 목돈을 마련할 생각으로 계를 하신다면 한번쯤 생각해볼 문제입니다. 가끔 신문이나 방송 등에 나오는 것처럼 계는 깨지기 쉽기에 계를 들고도 정신적 불안 때문에 남편에게도 알리지 못하고 혼자 끙끙 앓는 경우가 많지 않습니까?(서울 강남 부자계의 파산 등 예시)

■ 신중 화법

제 경험담을 하나 말씀드리겠습니다. 학교 친구들끼리 모여서 계를 하기로 했는데 앞 번호와 맨 뒤 번호는 계주친구가 갖고 나머지 번호 중 하나를 받았습니다. 그래서 제 번호가 12번이었는데, 한 친구의 남편이 다른 지방으로 전근 가는 바람에 결국 깨지고 말았습니다. 나중에 곰곰이 생각해보니 제 번호는 기껏해야 은행이율 정도밖에는 안 되더군요.

■ 외다리 선택 화법

○○님께서 지금 험한 산길을 가는데 눈앞에 두 갈래 길이 있다고 가정해보세요.(고객에게 상상하게 하여 가상이 현실로 다가오게 한다.) 둘 다 긴 동아줄로 이쪽 산과 저쪽 산을 이어서 다리를 놓아 발걸음을 내디딜 때마다 출렁거려 몹시 불안합니다. 그런데 그 다리는 둘 다 한 사람만 건널 수 있게 외줄로 만들어져 있습니다. 그중 한 길은 다리 밑

에 아무런 안전망도 없습니다.

만약 잘못 디디면 수백 미터 낭떠러지로 떨어져 생명을 보장할 수 없습니다. 그리고 다른 한 길은 다리 밑에 안전망이 있어서 다리를 잘못 헛디뎌 떨어지더라도 추락할 염려는 없습니다. 안전망이 설치된 다리는 아무것도 없는 다리보다 통행료가 약간 비쌉니다. 그런데 반드시 다리를 건너야 목적지에 도착할 수 있다고 할 때 ○○님께서는 어느 다리를 선택하시겠습니까? 인생재테크를 하는 목적은 일정 시점에서 원하는 목표자금을 안전하게 마련하기 위해서 아닌가요?

그렇게 볼 때 ○○님께서 일상생활에 무슨 변고라도 생겼을 경우 그에 대한 해결책도 동시에 마련하면서 인생재테크를 한다면 좀 더 현명하게 안심하면서 목적자금을 마련할 수 있을 거라 생각되는데 어떻습니까? 보험은 인생재테크라는 외줄 다리 밑에 보장이라는 안전망을 설치해놓은 장기안심상품입니다. 즉 인생 힐링상품이죠. 조금 더 이익을 보려다가 더 큰 손실을 범하는 우는 피해야 합니다.

보험 불신(오해)형 고객 거절처리화법

Action Planning

이런 고객은 이야기를 끝까지 들으면서 거절의 진의를 올바로 파악해야 한다. 그런 후 고객의 처지를 자기 일처럼 바꾸어 생각하면서 상생하는 입장에서 컨설팅한다. 무엇보다 고객의 마음을 동화시켜 니즈를 환기하는 아이스브레이킹이 필요하다.

해약하면 손해가 너무 많아 싫다

보험은 가입하면 손해다.

Selling Point

대부분 해약환급금이 적은 것에 대한 불만의 표시이므로 보험의 본질과 구성원리, 가치, 필요성 등을 설명한다. 해약하면 절대로 손해가 아니라는 증거와 계속 불입할 때의 이점 등을 강조한다. 중도해약할 경우의 손실을 직접적으로 설명하는 것도 좋지만 사례를 들어 설득하는 것이 바람직하다.

재치화법 Action Planning

- 혹시 전에 보험 때문에 손해 본 경험이 있으십니까? 보험은 엄연히 리스크 헤지를 위해 가입하는 투자상품입니다. 따라서 중도에 해약하면 손해가 날 수밖에 없습니다.
- 보장성보험은 저축이 아닌 지출이라고 생각하셔야 합니다. 매달 불입하는 보험료는 한 달 동안 나와 우리 가정의 삶의 안정을 위해 투자하는 소비성 안심료입니다.
- 예, 그렇습니다. 일정 기간은 불입한 보험료보다 해약환급금이 적

을 수도 있습니다.

- 가다가 중지하면 아니 간 것만 못하다는 말이 있듯이 왜 중도에 포기하실 생각을 하십니까?
- 기차를 타고 가다가 중간에서 내릴 경우 기찻삯을 다 주지는 않죠?
- 중도에 중지하면 손해 본다고 하시는데 실제로는 손해 보는 게 아닙니다. 불입한 기간 가족이 안정을 보장받은 것이지요.
- 맨 처음 몇 년은 해약환급금이 적지만 10년 이상 경과하면 비과세 혜택과 더불어 적립금이 복리로 부리되기 때문에 은행 적금보다 수익이 더 높습니다(저축성보험).
- 보험은 소비가 아니고 투자입니다. 가입 후 중간에 어려움이 많아도 손해를 보지 않기 위해 절약하고 저축하면 많은 이익(보장자산)을 돌려드리는 것이 보험입니다.
- 물론 해약하면 손해죠. 해약하지 않고 끝까지 붓다보면 어느새 만기가 된답니다. 생활필수품이라 생각하고 매월 납입하세요. 그러면 그런 생각은 하지 않으실 겁니다.

설득화법 Action Planning

■ 트레이드 오프(Trade-off) 화법

보험 원리상 물론 해약하시면 손해납니다. 모든 금융상품이 그렇듯 보험도 시드머니의 미래가치에서 trade-off(상충관계)가 있습니다. 은행 적금을 들면 안정된 수익은 보장하지만 불확실성이 현실로 다가올 경우

경제적 안전망 역할은 당연히 못해줍니다. 부동산투자나 주식투자는 어느 정도 고수익을 올릴 수 있지만 자칫 손해를 입을 수도 있습니다. 보험은 리스크 헤지 상품이므로 중도에 해약하면 손해가 날 수 있지만 만약의 일이 현실이 되었을 경우 유가족의 경제적 안정을 보장하는 소중한 역할을 해줍니다. '두 마리 토끼를 다 잡을 수는 없다'는 속담은 모든 금융상품에 적용됩니다.

■ 안심료 화법

혹시 단골로 가는 미용실이 있으시죠? 저도 단골로 가는 미용실이 있습니다. 저도 그렇지만 ○○님께서도 단골로 애용하는 이유는 서로 믿음과 신용이 있기 때문일 겁니다. 물론 맨 처음 단골로 잡기까지는 망설임도 있었을 거고요(맞장구치도록 유도한다). 보험도 마찬가지입니다. 맨 처음에는 ○○님과 같이 생각하실 수 있습니다. 저도 보험회사에 입사하기 전에는 그렇게 생각했으니까요. 그런데 보험료에 왜 요(料)가 붙는지 아세요! ○○님이 다니는 미장원(이발소)에서 머리 손질을 받으면 붙는 요금과 같이 보험에 가입하면 은행적금과 달리 불입액이라 하지 않고 보험료라고 하거든요. 보험료를 영어로 프리미엄(Premium)이라고 합니다. 위험보장을 받는 대신 원금(책임준비금)에 서비스료로 웃돈(사업비)을 얹어주기 때문에 그렇게 만든 것이랍니다. 즉 보험료는 위험보장 서비스료의 대가여서 고객들은 보장을 받는 대신 안심료(安心料, Security Charge)를 지불하는 것이죠. 제가 앞으로 ○○님께서 더 안심하시면서 행복한 가정을 일구어갈 수 있도록 인생재테크 플랜을 잘 짜드리겠습니다.

■ 투자상품 화법

제가 질문 하나 할게요. "보험은 보장상품일까요? 저축상품일까요? 소비상품일까요?"

보험은 보장상품입니다. 그런데 중도에 해약하면 원금도 안 나온다는 특성을 들어 소비상품이라고 말하는 사람도 있습니다. 연금보험과 저축성보험을 예로 들면서 저축상품이라고도 하지요. 그러나 단순히 이렇게 아는 것은 잘못 인식하는 겁니다. 보험은 엄연히 리스크 헤지를 위해 가입하는 투자상품입니다. 보장성보험에 가입했다고 해서 보험료가 소비되는 것이 아닙니다. 잘되면(아무 사고 없으면) 내 몸과 내 가족이 편하게 사는 것이고 잘못되면(사고가 발생하면) 보험금을 받아 가정의 생활안정을 위한 자립기반을 구축하는 것입니다.

그러나 아예 가입하지 않으면 이것저것 다 잃고 마는 것이지요. 보험은 미래행복을 위해 자신의 소중한 자산 일부를 배팅하는 투자, 즉 재테크상품입니다. 따라서 중도에 해약하면 손해가 날 수밖에 없습니다.

■ 손해이기 때문에 화법

은행은 저축기능만 있어 언제라도 해약하면 원금 이상이 나오므로 해약하기 쉽고, 해약하면 푼돈으로 써버리는 경우가 많지요? 따라서 가입할 때 목적했던 목돈 마련이 쉽지 않습니다. 그러나 보험은 해약하면 손해이기 때문에 특별한 일이 없는 한 만기까지 계속 유지하게 되므로 계획했던 대로 목돈을 마련할 수 있습니다.

■ 주택복권 화법

주택복권을 살 때는 1등에 당첨되길 기대하는데 만약 당첨이 안 되었을 때 복권 산 돈을 돌려주나요? 누구나 돌려달라고 하지 않고 포기할 겁니다. 왜냐하면 그 이치를 알기 때문이죠. 보험도 마찬가지입니다. 매월 ○○만 원짜리 보험에 가입하면 사고가 발생했을 때 1억 원 이상 지급되죠. 그런데 만기가 되었거나 사고가 발생하지 않았는데 다 환불해달라고 하면 곤란하지 않습니까?

■ 미래대비 화법

저는 도중에 해약하실 분께는 아예 권유하지 않습니다. 처음부터 해약하면 손해라는 사실을 말씀드리겠습니다. 나무는 몇십 년 지나야 큰 재목이 되는데 급하다고 1년도 안 돼 베어낸다면 언제 큰 나무로 자라겠습니까? 마찬가지로 보험도 꾸준히 지속하는 경제준비입니다. 보험은 해약을 전제로 가입하는 상품이 아니라 미래의 생활안정을 대비해 미리 준비하는 상품임을 잊으시면 안 됩니다.

■ 인생열차 화법

물론 보험은 중간에 해약하면 일부 손해를 보는 경우가 있습니다. 한번 생각해보세요. 서울에서 부산까지 가려고 기차표를 샀는데 중간에 무슨 일이 생겼다고 해서 대전쯤에서 내릴 경우 나머지에 대한 요금을 돌려주나요? 보험은 인생이라는 긴 여정을 최고로 안전하게 보장하는 특급열차와 같습니다.

■ 십시일반 화법

물론 손해 볼 수도 있습니다. 보험은 상부상조 정신을 바탕으로 하기 때문입니다. 많은 사람이 조금씩 돈을 모아 불행을 당한 사람에게 경제 보상 차원에서 보험금을 지급해 도와주는 상부상조 정신이 보험의 원리임을 이해하신다면, 도중에 그만두는 분에게 납입한 금액 전부를 되돌려주지 못하는 것을 이해하실 겁니다. 십시일반이란 말 아시죠. 보험료를 한번만 내고도 고액을 보장받을 수 있는 이유가 바로 해약하면 손해를 보는 이유입니다. 그러나 해약제도조차 없는 자동차보험을 생각해보세요. 이 ㅇㅇ보험이 얼마나 좋은 제도인지를요.

■ 해약하신다고요?

해약하신다면 지금까지 유지해서 얻을 수 있었던 보장자산은 물론 한창 늘어가는 이자마저도 포기하게 되는 것이죠. 그뿐만 아니라 해약한 후 경제적으로 여유가 생겨 다시 가입하려면 보험료가 비싸져 상당한 부담을 안게 됩니다. 긴급자금이 필요하여 굳이 해약해야 한다면 해약 대신 계약자 대출을 이용하는 것이 좋습니다. 보험료가 부담돼 보험금액을 감액하면 계약금액이 적어져 보장과 혜택은 다소 줄어들지만 계속해서 보험혜택을 받을 수 있고 해약환급금은 가정의 긴급자금으로 활용할 수 있습니다.

■ 자동차 할부구매 화법

중도에 중지하면 손해 본다고 하시는데 실제로는 손해 보는 게 아닙니다. 예를 들어 2,000만 원짜리 자동차를 사려면 현금 2,000만 원이 필요합니다. 그런데 현재 그 돈이 없다면 할부로 구입할 수밖에 없겠죠. 이처럼 보험에 가입한다는 것은 언제 닥칠지 모르는 사고로 손해를 입게 될 때를 대비해 그 금액을 확보해놓고 거기에 따르는 요금, 즉 보험료를 매월 할부로 조금씩 납입하는 것으로 자동차 할부와 똑같습니다. 따라서 할부로 구입한 후 할부금을 중도에 내지 않는다면 거기에 따르는 법적 불이익은 당연히 예상할 수 있습니다. 자동차와 지금까지 불입한 할부금을 모두 포기해야 하듯이 보험도 이와 비슷하다고 생각하면 됩니다. 다만 중도에 포기하여 해약되더라도 법적으로 처리하지 않는 것이 다를 뿐입니다. 자동차는 그동안 유통수단으로 편리하게 사용한 것이고 보험은 가입 기간에 ○○님과 가족이 생활 안전보장을 받은 것이라 할 수 있습니다.

신용이 없다

속은 적이 있다. 약속을 안 지킨다. 보험금 탈 땐 돈을 잘 안 준다.
막상 가입하고 나면 보험금 탈 때 매우 까다롭다.

Selling Point

이런 고객은 언젠가 보험회사 또는 FC에게 심정적으로나 실제로 피해를 본 사람들이다. 대개 불완전판매와 보험금 지급사유 발생시 억울함(?)을 당했을 경우이다. 이런 때는 내용을 알아본 후 잘못된 것은 솔직히 시인하고 오해에 따른 것이면 풀어주면 의외로 믿음을 심을 수 있다.

재치화법 Action Planning

- 저희 같은 사람은 신용이 생명이므로 고객에게 신용을 잃으면 활동할 수 없습니다. 보험은 금융기관 가운데 신용이 가장 확실한 저축기관입니다.
- 보험은 신용이 제일이어야 하는데 그렇게 말씀하시니 혹시 그런 경험이 있으신가요?
- 제가 대신 사과하겠습니다. 그렇지만 앞으로 전문 컨설턴트인 저를 믿고 거래하시면 아무 탈이 없을 겁니다.

- 저희 회사는 재정상태가 아주 양호하고 고객만족도도 매우 높아 금융업계에서도 알아주는 브랜드 파워입니다.
- 저는 ○○님이 살아 계실 동안은 물론이고 돌아가신 후에도 ○○님이 그렇게도 사랑하시는 가족을 돌봐드림으로써 제 임무를 다할 겁니다.
- 무슨 안 좋은 일이 있었습니까? 어떤 내용인지 제게 들려주실 수 있을까요?
- 그런 일이 있었습니까? 보험컨설턴트로서 대신 사과드립니다. 어떤 일이 있었는지 자초지종을 말씀해주시겠어요?
- 은행은 본인이 아닌 다른 사람이 가도 돈을 줘서 선의의 피해자가 많지만 보험은 그런 일이 없습니다.
- 보험금 지급은 정부의 인가를 받은 약관에 명시된 사항입니다. 계약을 위반한 일이 없는 한 보험금은 지급하게 되어 있습니다.

설득화법 Action Planning

■ 서비스 최고 화법

저희 회사는 신용을 제일로 알고 오늘도 계약자 서비스 개선에 노력하고 있습니다. 계약자가 조금이라도 불편해 하는 일이 없게 노력하고 또 힘쓰고 있습니다.

■ 계약자 보호 화법

보험금은 여러 계약자가 납입한 돈이므로 아무에게나 줄 수는 없죠. 선의의 계약자를 보호하기 위해서 소정의 절차가 필요합니다.

■ 돈을 줄 때는 까다롭던데……

많은 사람에게 공평한 혜택을 드리기 위해서는 보험금을 지급하기 전에 몇 가지 조사가 필요합니다. 따라서 보험금 지급절차가 은행보다 늦고 까다로운 것은 사실입니다만 선의의 계약자를 보호하기 위해서 취하는 적절한 절차라고 볼 수 있지요.

■ 비교우위 화법

혹시 저를 단지 상품 한번 팔고 말 일반 세일즈맨처럼 생각하신 것은 아니죠? 저는 이 일을 평생직업으로 여기고 있습니다. 그래서 고객을 대할 때마다 남이 아닌 가족 같은 마음입니다. 저는 단지 제 소득만 생각하면서 상품을 설계하고 권유하지 않습니다. 제가 이만한 소득을 올리는 것은 물론 열심히 뛴 결과물이기도 하지만 그보다는 저를 늘 신뢰하면서 저에게 보험을 가입해준 소중한 가족이 계시기 때문이지요. 그분들이 보험혜택을 보는 것이 제 사명이라고 생각하면서 컨설팅하고 있습니다. ㅇㅇ님께도 마찬가지입니다.

저와 인연을 트게 되면 다른 보험컨설턴트와 차이가 많다는 것을 아실 겁니다.

■ 신용제일주의 화법

어떻게 된 일인지 제게 말씀해주실 수 있겠습니까? 저희는 신용제일을 원칙으로 철저한 서비스와 사후봉사에 힘쓰는데, 그런 말씀을 들으면 속상합니다. 저는 고객이 보험가입 때부터 만기 때까지 불편함이 없게 최선의 노력을 다합니다. 저를 믿어주십시오. ㅇㅇ님께 필요한 도움을 드리겠습니다.

■ 가정경제설계 고문 화법

미국 가정에는 고문이 세 사람 있다고 하지요. 한 사람은 건강을 관리하는 의사, 또 한 사람은 부당한 권리침해에서 가정을 보호하는 변호사, 나머지 한 사람은 한 가정의 행복설계를 돕는 보험컨설턴트입니다. 우리나라에서는 가정과 보험컨설턴트는 별 관계가 없는 것 같습니다만, 일단 관심을 가지고 살펴보면, 보험컨설턴트만큼 우리의 가정생활과 관계가 밀접한 사람은 별로 없습니다. 제가 작은 힘이나마 정성껏 ㅇㅇ님 가정의 재무플랜을 살펴드리겠습니다.

■ 불신 제거 화법

고객에게 최선의 서비스를 해야 할 회사에서 그런 행동을 하다니 정말 이해할 수 없군요. 저희 ㅇㅇ회사에서는 고객의 처지에서 성실하게 봉사하며, 고객 만족을 위해 최선을 다합니다. 저희 회사에서 봉사할 기회를 주신다면 그런 불신을 깨끗이 씻어드리겠습니다(혹 의문점이 있으면 저희 회사를 믿고 문의해보십시오. ㅇㅇ님께서 품은 의혹이 모두 사라질 겁니다). 저를 믿고 상담하십시오.

■ 보험컨설턴트의 역할 피력 화법

ㅇㅇ님! 요새 FC는 예전의 모집인이나 속칭 보험아줌마와 전혀 다릅니다. 고객의 재정설계를 올바로 해드리기 위해 철저하게 교육받은 전문컨설턴트입니다. FC로서 모든 가정에 재무플랜을 올바로 수립해줌으로써 작게는 한 가정을, 크게는 이 사회를 보호한다는 투철한 사명감과 자긍심을 갖고 일합니다.

■ 사후서비스 지속 화법

ㅇㅇ님! 제가 맨 처음 ㅇㅇ님을 대하고 ㅇㅇ님께서 계약해주실 때의 알뜰한 마음가짐으로 변함없이 이 ㅇㅇ상품을 관리하겠습니다. 특히 이 상품은 다른 보험과 달리 매월 펀드수익률을 살펴보면서 조언해야 합니다. 그래야 더 높은 수익을 올릴 수 있으니까요. 그러한 일을 제가 책임지고 적기에 ㅇㅇ님께 정보를 제공하면서 원하는 목적자금을 마련하는 그날까지 성심성의껏 관리해드리겠습니다. 지금까지 저를 믿으셨듯이 저 또한 앞으로도 변함없이 최선을 다해 보험서비스를 해드리겠습니다.

■ 인생재테크 전문가 화법

ㅇㅇ님! 미국에서는 사람이 사망하면 직업이 다른 다섯 명이 찾아온다고 합니다. 제일 먼저 찾아오는 사람은 장례를 치러줄 장의사입니다. 두 번째는 사망할 때까지 치료한 의사이고요. 사망진단서 등 사망원인

을 알려주어야 하니까요. 세 번째는 사망 후 법적 문제를 처리할 변호사입니다. 네 번째는 채무청산 등 사후의 세금문제를 처리할 회계사라고 합니다. 갖고 있는 재산이 많을수록 세무사는 꼭 필요합니다.

그럼 ○○님! 마지막으로 한 사람은 누군지 아십니까? 바로 보험에이전트, 즉 저 같은 보험전문가입니다. 왜 그런지 아십니까? 미국에서는 보험가입이 아주 일반화되어 있고 보험으로 가족사랑과 부의 대물림이 자연스럽게 이루어지므로 사망 후 관련된 보험금 처리를 신속하고 정확하게 그리고 유가족에게 더 도움이 되게 깔끔하게 마무리할 사람은 보험컨설턴트밖에 없기 때문이지요.

○○님! 요즘 같은 전문가 시대, 점점 전문가가 필요한 사회에서는 반드시 저와 같은 전문가를 ○○님 가정의 재정클리닉으로 삼으셔야 합니다. ○○님! 제가 ○○님과 가정의 인생재테크를 올바로 실현해드릴 수 있게 저를 금융주치의로 임명하지 않으시겠습니까?

죽어야 돈이 나온다

보험은 재수 없다. 보험은 기분 나빠 싫다.

Selling Point

사람들은 본능적으로 사망, 죽음 등의 어두운 면을 나타내는 단어에 매우 예민하게 반응한다. 이해부족인 경우가 대부분이므로 선입관이나 편견을 없애도록 한다. 보험에 가입하면 오히려 사고에 대한 불안이 생기지 않아 더 좋음을 예시를 들어 설명하면 효과적이다.

재치화법 Action Planning

- 아직까지 보험이라 하면 죽음을 연상하는 분이 많은 것 같은데, 요새 보험은 실손의료보험처럼 일상생활의 위험을 더 많이 보장해주고 있습니다.
- 보험증권은 불행을 막아주는 일종의 부적과 같습니다. 오히려 보험에 들면 더 오래 살아요.
- 혹시 보험에 가입한 뒤 재수 없는 일이라도 당하셨나요? 왜 그렇게 생각하는지 제게 말씀해주실 수 있습니까?

- 보험은 건강하고 행복한 생활을 원하는 사람만 가입할 수 있으므로 오히려 재수가 좋은 상품입니다.
- 보험에 가입하지 않은 사람들은 운전할 경우 정신적 불안과 스트레스로 사고를 유발할 수도 있다고 합니다.
- 맞습니다. 그런데 사망했을 때 유족에게 보험금이 많이 지급되는 것은 보험만의 장점 아닐까요?
- 사람은 언제 죽을지 아무도 모릅니다. 1회 보험료를 내고 2회 보험료를 내기 전에도 죽습니다. 그러나 남은 가족은 납입한 1회분 보험료의 수천 배나 되는 보장자산을 확보합니다.

설득화법 Action Planning

■ 생활보험 화법

네, ㅇㅇ님께서 생각하듯이 예전에는 사망해야 보험금이 지급되는 경우가 많았습니다. 그러나 ㅇㅇ님, 암보험 아시죠? 암보험은 병원에서 암 진단 결과가 나오는 즉시 치료자금을 드리고 수술자금, 입원자금 등 경제적 부담 없이 종합 치료를 받을 수 있게 보험기간에 다 드립니다. 요샌 병원치료비를 대주는 의료실비보험, 중간에 돈을 지급하는 보험, 매년 수령할 수 있는 보험 등 생활보장보험이 참 많습니다.

■ 한 편의 연극 화법

물론 죽기를 원하는 사람은 이 세상에 한 명도 없지요. 그래서 자신의 죽음에 대해서도 생각하기조차 싫어하지요. 그러나 언젠가는 누구에게나 필연적으로 찾아오는 죽음을 무시하면서 살아갈 수 없는 것이 불확실성의 시대를 살아가는 오늘의 현실입니다.

죽음은 부지불식간에 찾아오는 불행의 여신과 같습니다. 인생이라는 연극이 꼭 누구에게나 똑같은 시간을 할애하지는 않습니다. 1막에서 끝날지 아니면 5막에서 끝날지 아무도 모릅니다. 인생은 한 편의 연극과 같습니다. 따라서 그때가 언제인지는 모르지만 ○○님과 가족을 위해 확실한 안전대책을 강구하는 것은 매우 슬기로운 삶의 처세입니다. 안 그렇습니까? 제가 ○○님 가정의 재무플랜를 작성해보았는데 한번 살펴보시지요.

■ 행복보장 화법

아직도 몇몇 분은 이 같은 말씀을 하시더군요. 보험을 이해하신다면 그런 말씀은 하지 않을 거예요. 보험의 궁극적 목적은 가족의 생활안정 보장입니다. ○○님이 만약의 경우를 당할 때 남은 가족은 어떻게 돼도 관계없다고 생각하신다면 보험은 필요 없습니다. 그러나 사랑하는 가족의 행복한 내일을 생각한다면 보험은 꼭 필요합니다. 보험이 필요한 것은 가족보장 때문입니다.

■ 연금보험 권유 화법

생명보험은 꼭 죽어야 돈이 나오는 것은 아닙니다. 살아 계시는 동안에도 많은 종류의 보험금이 지급되는데요. 예를 들면 장해급여금, 입원

급여금, 암치료급여금 등이 그것입니다. 특히 연금보험은 오히려 오래 사셔야 종신토록 더 많은 보험금을 받으실 수 있습니다. 100세 장수시대에는 가장 안성맞춤인 상품입니다.

■ 최소한의 지킴이 화법

아직도 몇몇 분은 이와 같이 말씀하시더군요. 그렇다면 오히려 다행스러운 일입니다. 이 기회에 오해를 풀어드릴 수 있으니 말입니다. 이 ○○보험이 필요한 것은 가족보장 때문입니다. 만약의 경우 남은 가족은 어떻게 되어도 괜찮다는(상관없다는) 생각이시라면 아마 보험은 필요하지 않을 겁니다. 이 ○○보험을 들어놓으셨다면 남은 가족이 살 수 있는 최소한의 것을 지켜줄 겁니다. ○○님은 가족이 어떻게 되기를 바라십니까? 설마 가족에게 그런 무책임한 생각은 하지 않으시겠죠?

■ 부적 화법

보험에 가입하신 분이 사망했다면 그것은 재수가 없는 게 아니라 운명입니다. 보험에 가입한 분들의 사고는 가입하지 않은 분들보다 적다고 합니다. 보험에 가입한 사람에게는 보험이 부적과 같아서 오히려 사고가 피해 가는 경우가 많다고 하지요. 보험이 죽음을 막아줄 수는 없지만 죽음으로부터 ○○님의 가족을 지켜줄 수는 있습니다.

■ 선입견 불식 화법

네, 그렇게 생각할 수도 있지요. 하지만 보험이 정말 재수 없다면

3,000만 명이 넘는 가입자가 모두 재수 없다는 말이 되지 않겠어요? 언제 일어날지 모르는 사고에 대비하는 것이 보험이고, 사랑하는 가족의 미래를 확실히 보장하는 것이라고 생각한다면 보험이 재수 없다는 생각은 선입견 아니겠어요? 보험은 예기치 못한 위험으로부터 나와 가족을 지키는 방패막 역할을 합니다. 제가 보험에 대해 자세히 설명해드리겠습니다.

죽고 나면 다 소용없다

나 죽은 다음에 보험이 무슨 소용 있나? 누구 좋으라고 보험 드나?

Selling Point

권위주의적 사고를 갖고 있거나 가족보다 자신을 내세우기 좋아하는 사람인 경우가 많다. 이런 사람에게는 가족에 대한 책임감과 불의의 사고 후 가족이 겪을 어려움을 일깨우고 사전준비의 필요성을 강조한다.

재치화법 Action Planning

- 호랑이는 죽어서 가죽을 남기고, 사람은 죽어서 이름을 남긴다고 했습니다. 자손들에게 남길 ㅇㅇ님의 이름을 욕되게 하고 싶진 않으시겠지요?
- 가족에게 ㅇㅇ님의 의미가 크면 클수록 ㅇㅇ님께서 돌아가셨을 때 빈자리는 더 클 겁니다. 경제적 능력이 없는 유가족에게 매월 지급되는 ㅇㅇ만 원은 가장이 계실 때 받아본 ㅇㅇㅇ만 원보다 훨씬 값질 겁니다.

- 보험에 가입하는 것은 가정을 지키기 위한 부모의 의무라고 할 수 있습니다. 만약 두 분께서 안 계셨을 때의 가정을 생각해보세요!
- 지금 무책임하게 말씀하시지만 정말 만일의 사태가 발생하면 이후 가족의 생활비로 매월 ○○만 원 정도는 들 것이라고 생각합니다.
- 며칠 출장 가시면 가족의 안부가 궁금해지지 않습니까? 하물며 영원한 출장(?)을 가신 후 가족 걱정이 안 된다면 농담이시겠죠?
- ○○님이 살아 계신 동안 이 보험은 저축이 될 것이고 만약 ○○님께 무슨 일이 생긴다면 이 보험은 ○○님의 가족에게 보장자산을 지급할 겁니다.
- ○○님께서 경제적 준비도 없이 사망하신다면 미망인이 되신 사모님께서는 자녀와 함께 준비되지 않은 삶을 사셔야 합니다.
- 가족을 두고 떠난 아빠가 있다면 우선 안타깝게 생각할 겁니다. 그러나 남은 가족에 대한 아무런 준비 없이 떠난 아빠라면 분명 참 나쁜 아빠라고 원망할 겁니다.

설득화법 Action Planning

■ 가족 섭섭 화법

한 가정을 이끌어가는 ○○님께서 그런 말씀을 하시다니……. 해외출장을 가서도 가족의 안부가 궁금해서 국제전화를 거는 것이 가장의 마음인데, 지금 그 말씀을 가족이 들으셨다면 얼마나 섭섭하겠습니까? ○○님만 의지하고 살아가는 가족 생각도 하셔야죠. ○○님께서 불의의 사고를 당했을 때 가족의 생활비, 교육비는 어떻게 충당하겠어요? 만일의 경우가 생겼을 때 가족의 생활을 염려하는 것은 가장이 지켜야 할 최소한의 애정 아니겠습니까?

■ 보금자리 지킴이 화법

○○님께서 불의의 사고를 당해서 수입이 중단되면 어떻게 될까요? 아마 대부분의 경우처럼 주택대출금은 남은 가족에게 빚이 되고, 빚을 갚을 능력이 없으면 집을 처분해야 할 겁니다. 아이들은 부모 유고 후 경제적 사정으로 집을 옮기는 경우 충격이 오래간다고 합니다. 책임 있는 가장이라면 어떤 경우가 발생하더라도 남은 가족의 행복한 보금자리만은 지켜주고 싶겠죠.

■ 가족사랑 징표 화법

맞습니다. 이 세상은 내가 존재하기에 존재합니다. 하지만 조물주는 내 분신을 세상에 남겨 이 세상이 존재하게 하지 않았나요? ○○님의 분신인 자녀들이 만약에 ○○님이 불행한 일을 당한 후 세상살이가 너무 힘들어 존재 이유를 잃어버린다면 ○○님은 정말로 현재 존재의 이유가 없어지는 것은 아닐까요? 또 사랑하는 배우자(아내)에게 아무것도 남겨주지 않고 떠나실 경우 돈이 없으면 생활하기 힘든 삭막한 세상에서 홀로 남은 사모님의 나머지 삶은 어떨 거라고 생각하십니까? 보험, 즉 보장자산 마련은 가족사랑의 출발점입니다.

■ 타인 가입 사례 화법

살다보면 때때로 우리를 슬프게 하는 것이 있지요. 바로 주위에서 일어나는 불행한 일들입니다. 사고나 병으로 생명을 잃은 사람이 너무 많습니다. 또 실직으로 생계가 불투명한 사람도 많지요. ○○님은 이러한 불행을 피해갈 자신이 있으신지요? "나만은 아니야. 나와 거리가 먼 이야기야"라고 자신 있게 이야기할 수 있는지요?

보험을 싫어하는 분이라도 다른 사람에게 사고가 나면 제일 먼저 묻는 말은 "보험은 가입했대요?"이지요. 제가 권유하는 이 상품에 가입하시면 경제적 문제를 어느 정도 해결할 수 있습니다. 하루 ○○○원 저축하셔서 적은 돈이기는 하지만 20년 뒤 자녀 학자금을 대비하십시오. 그리고 그동안의 불행한 상황은 ○○회사에 맡기십시오. ○○회사는 남은 가족에게 ○년 동안 생활비를 드릴 수 있습니다.

■ 부모 참사랑 화법

사람은 평균적으로 60세 안에 4명 가운데 1명이 사망합니다. 자녀들이 성인이 되고 독립하고 나면 보장이 필요 없으므로, 부모들은 만약의 사태에 대비해서 언제나 보장을 받을 수 있는 종신보험에 들어야 합니다. 자녀가 성장할 때까지 아무 일 없으면 그때 가서 "아빠가 젊었을 때 너희를 위해 준비한 것이다. 자, 내 사랑의 선물이다" 하면서 보험증권을 주었을 때 자녀들이 무엇을 느끼겠습니까? 그것은 돈이 아닙니다. 아빠의 사랑을 느낄 수 있습니다.

■ 유대인의 재산상속법

유대인 할아버지가 종신보험에 1억 원을 가입했습니다. 세월이 흘러 할아버지가 돌아가시면 아빠는 보험금 1억 원을 타서 다시 아들을 위한 종신보험 일시납에 가입합니다. 그러면 보험가입금액은 7~8억 원 정도 됩니다. 만약 아빠가 돌아가시면 자녀에게 그만큼의 상속재산을 물려주게 되죠. 이렇게 상속받은 보험금으로 아들은 손자들을 위해서 일시납 종신보험에 10억 원 이상씩 가입하겠지요? 할아버지 한 분이 종신보험을 이용하여 상속재산을 만든 덕분에 이런 일이 반복된다면 손자들은 저마다 10억 원 이상의 상속재산을 가질 수 있게 됩니다. 이것이 유대인의 유명한 재산상속법이라고 합니다.

■ 더 큰 고통 부담 화법

아빠를 잃는 것은 매우 가슴 아픈 일입니다. 더구나 엄마까지 생계수단을 해결하는 데 빼앗긴다면 자녀에게는 한꺼번에 두 분을 빼앗기는 것과 같을 겁니다. 생계를 해결하기 위하여 모든 것을 엄마가 감수해야 한다면 자녀에게는 그보다 더 큰 고통은 없을 겁니다. ○○님께서 미망인이 된 와중에 가족의 유일한 소득원으로 바깥에서 일해야 한다면 그 이상의 비참함을 느낄 겁니다.

■ 건강생활 화법

질병이나 재해 등으로 입원하면 비용이 많이 드는데, 이 입원비용을 의료실비보험으로 준비할 수 있어요. 보험은 죽으면 자신에게 아무 도움이 안 된다고 하는 것은 시대에 뒤진 생각입니다. 이 ○○보험은 물론 사망 후 지급되는 보험금도 많지만 암 등 질병이 발생했을 경우 치료비나 수술비 등 진료비를 충당하기 위해 지급하는 금액이 더 많으므로 가정경제에 가장 적당한 보험입니다.

■ 재혼불가 화법

남편과 사별한 아내들이 재혼하는 가장 큰 이유가 경제적 궁핍 때문임은 누구나 아는 사실입니다. 돈 많은 과부는 재혼할 필요가 없습니다. 보험에 든 후 불의의 사고로 남편을 잃은 아내는 보험금을 남긴 남편에 대한 고마움과 경제적 안정 덕분에라도 자녀 양육에 더 신경 쓰며 재혼하지 않고 산다는 사실을 간과해선 안 됩니다. 살아가기에 충분한 수입이 없으면 어쩔 수 없이 재혼해야겠죠. 보험에 가입하지 않는 것은 재혼하라는 것과 마찬가지입니다.

■ 자녀 지킴이 화법

물론 ○○님이 안 계셔도 ○○님께서 생계를 해결하기 위해 무엇인가 일을 하실 겁니다. 그러나 ○○(자녀 이름 명시)들은 아직 어립니다. 아빠로서 책임은 아빠가 안 계신다 해도 당연히 져야 하지 않을까요? 어린 애들에게 엄마마저 일터로 빼앗기게 하는 일이 있어서는 안 됩니다. 특히 아빠가 안 계실 때 아이들에게는 엄마의 온전한 보살핌과 사랑이 절대적으로 필요합니다.

■ 보험가입 의무 화법

보험은 가족에 대한 보장이 의무이지 보험 가입이 의무가 아닙니다. 만약 ㅇㅇ님께 불가항력적인 불상사가 생겼을 때 사랑하는 부인과 자녀의 생활을 생각해보셨습니까? 보험은 사망의 경우는 물론이고 각종 상해나 질병으로 인한 치료자금을 위해서 더 필요하답니다. 그렇기에 ㅇㅇ님이 가족을 사랑하신다면 ㅇㅇ보험만큼은 꼭 가입하셔야 합니다.

■ 유산으로서의 보험

친구의 죽음을 이야기하면서 사람들은 다음과 같은 이야기를 자주 합니다. "가족은 이제 어떻게 살아가지?"라고 말입니다. "그 집 부엌은 어떻게 생겼지? 냉장고는 얼마나 크며, 어떤 차를 몰지?"라고 묻지 않습니다. 사람들은 "아이들은 어떻게 살아가지? 학교는 계속 다닐 수 있을까? 부인은 어디서 살 예정이지? 친척집으로 이사 가야 하나?"라고 걱정합니다. 그들의 질문은 바로 그가 충분한 보험금을 가족에게 남겨주었나 하는 겁니다. 이 보험은 ㅇㅇ님이 살아 계실 때뿐만 아니라 만약의 경우 가족에게 필요한 생활비를 드릴 겁니다.

■ 자녀 꿈 소망 화법

ㅇㅇ님도 당연히 자녀에게 희망이나 바람 같은 것을 갖고 계시죠? 건강하고 올바른 인격을 가지고 좋은 대학을 나와 부모보다 더 나은 삶을 살기 바라는 것이 부모의 공통된 바람이 아닐까요? 그렇게만 된다면 부모로서 자녀에게 더 바랄 게 없을 겁니다. 그러나 그 꿈을 이루려면 전

제조건이 있습니다. 즉 아무런 사고 없이 원만하게 사회생활을 하면 지금 바라는 최소한의 꿈을 이룰 수 있습니다.

그러나 갑자기 사고를 당한다면 그런 꿈은 이룰 수 없게 될 겁니다. ㅇㅇ님이나 저나 가정에서는 단순히 아빠, 남편(경우에 따라서는 엄마, 아내 등)이 아니고 경제적 기둥이라는 사실입니다. 그런데 내가 없을 때 내 가족에 대해 생각해보신 적 있으십니까? 대부분 잘 안 하죠. 하기도 싫고. 저도 그전에는 그랬습니다.

세계 톱 에이전트가 말하는 실전화법 노하우

고객을 배려하여 가정법을 사용하지 말고 그냥 직설법을 사용하라. "만약 ㅇㅇ님이 돌아가신다면"이라는 은유적인 표현이 아닌 "ㅇㅇ님이 돌아가시면"이라는 조건절로 말하라. 죽는다는 것은 가정이 아니라 필연이다. 죽음은 언제고 누구에게나 있을 수 있는 필연적 사실이므로 상담할 때는 항상 죽음에 대한 명제를 소재에서 빼놓으면 절대로 안 된다. 자신이 언젠가는 죽을 것임을 누구나 알고 있다. 단지 시기의 문제이다. 보험컨설턴트는 그런 필연적 죽음이 고객에게 닥칠 경우 고객의 가정을 보호하기 위해 재정안정 플래닝을 하는 것이다.

- 알 그래넘(Al Granum)

불안심형 고객 거절처리화법

Action Planning

고객은 현재 자신의 여건이나 상품의 특수성을 견주었을 때 궁합이 맞지 않는다고 생각한다. 이런 고객에게는 보험의 진정한 매력을 피력하면서 무엇보다 고객에게 믿음과 확신을 심어주는 설득기술이 필요하다.

납입기간이 너무 길어 지루하다

보험기간이 너무 길어 지루하다.

Selling Point

보험상품은 여러 종류가 있다는 것과 납입기간에 비례하여 보장기간이 장기간임을 강조함으로써 보험의 장점을 일깨운다. 세월은 유수처럼 빨리 지나가므로 가입하면 결코 지루하게 느끼지 않음을 강조한다.

재치화법 Action Planning

- 기간이 길면 그만큼 보장혜택도 길어집니다. 기간이 짧으면 보장기간이 짧고 보험료가 비싸기 때문에 오히려 짧은 것이 단점일 수 있습니다.
- 평생을 보살펴드리는데 길다고 생각하면 곤란하죠. 보장은 오히려 긴 것이 더 좋아요.
- 보장혜택을 짧게 받는 것이 좋을까요? 아니면 길게 받는 것이 좋을까요?

• 물론 은행상품보다 길게 느끼시겠지만 평생 보장해주므로 지루하지 않습니다.

설득화법 Action Planning

■ 장기 유리 화법

맞습니다. 그게 바로 보험만의 장점입니다. 필요에 따라 단기와 장기를 선택할 수도 있지만, 장기라 하더라도 보험료는 단기간에 걸쳐 불입하실 수 있죠. 적은 돈을 내서 오랜 기간 보장받는 것이 보험의 본래 목적입니다. 따라서 보험은 긴 것이 오히려 유리합니다.

■ 보험장점 피력 화법

많은 분이 그렇게 말씀하십니다. 그러나 그것이 보험만의 장점이라고 할 수 있습니다. 왜냐하면 적은 돈으로 오랜 기간 보장받는 것이 보험의 본래 목적이기 때문입니다. 따라서 보험은 기간이 길수록 계약자에게 더욱 유리합니다.

■ 세월유수 화법

○○년 같은 것은 눈 깜빡할 사이에 흘러갑니다. ○○님도 엊그제 결혼한 것 같으실 텐데 벌써 ○년이 지나지 않았나요?(과거를 회상할 여유를 주면서) 10년 후에는 지금 학교에 다니는 자녀가 다 성장할 텐데 그때는 가입하길 잘했다고 저에게 고마워하실 겁니다.

■ 장기보험 추천 화법

보험은 사망률을 기초로 하여 납입보험료 규모를 책정하는데, 나이가 많을수록 사망률이 높아 보험료가 비싸지므로 젊을 때 가입하는 것이 부담도 안 되고 가입하기도 편리합니다. 나중에 다시 가입하려면 보험료도 비싸지고 그 사이 성인병으로 보험에 가입하지 못하는 경우도 발생할 수 있습니다. 이렇게 생각하면 짧은 기간마다 다시 가입한다는 것은 계약자 입장에서 무척 불편하고 손해를 보는 일이지요.

■ 마음먹기 따라 화법

네, 그렇습니다. 그러나 그것이 바로 보험만의 특징입니다. 사람들은 수도료나 주택부금 등은 매월 오랫동안 내면서도 전혀 길다고 불평하지 않으면서 가정의 행복을 지키기 위한 보험료 납입은 길다고 생각하는 경향이 있습니다. 인생살이 70~80년에 비하면 10~20년의 보험기간은 결코 긴 것이 아닐 겁니다. 오히려 보험기간이 길기 때문에 저렴한 보험료를 내고 오래도록 보장받을 수 있는 특권을 부여받는 것이니까요. 그렇다고 생각되지 않으십니까?

■ 단기상품 화법

길다면 긴 기간이죠. 보험도 단기상품이 있습니다. 어느 정도 기간이 소요되는 상품을 선택할지는 목적자금의 활용 방법과 인생 4L의 순항을 고려하여 우선적으로 준비해둘 필요가 있는 보험상품으로 결정하면 됩니다.

■ 소단노장 화법

젊음은 짧고 노후는 길다고 했습니다. 30년 이상이나 계속되는 노후 생활을 편안하게 보내려면 최소 10년이라는 납입기간이 결코 긴 것이 아닙니다. 국민연금만 하더라도 내가 몇 년 동안만 내겠다고 정하는 것이 아니라 의무적으로 최소 60세가 될 때까지 내야 하지 않습니까?

■ 안전장치 마련 화법

○○님께서는 ○○년 이전에 경제활동을 마칠 계획이신지요? 그건 아닐 겁니다. 직업이 바뀔지, 중도에 갑자기 자금이 필요하게 될지, 사업 확장자금이 필요할지, 예기치 못한 자금수요가 있을지 몰라 납입이 부담되기 때문이겠지요. 그래서 제가 설계한 인생재테크플랜에는 만기까지 충분히 유지하셔서 세금혜택을 받고 목돈을 마련하실 수 있게 완벽한 안전장치를 해놓았습니다.

인플레이션에 약하다

돈 가치가 떨어진다. 나중에(몇십 년 후에) 미래가치가 없다.
그 돈 받아야 쓸모 있나(도움 되나)?

Selling Point

인플레 때문에 몇십 년 후 종가(돈의 미래가치)를 계산해보면 가치가 없다는 것을 어림셈하여 즉시 반론을 제기하는 경우가 많다. 장기 경제 전망의 안정성과 함께 물가 상승 폭이 점차 좁아지고 있음을 설명하고, 설사 인플레이션이 되더라도 일정한 이율은 보장되며, 만일의 경우 대형보장으로 생활을 안전하게 지켜줌을 지적한다.

재치화법 Action Planning

- 보험뿐만 아니라 은행, 증권 등 모든 금융기관의 저축상품은 똑같이 물가의 영향을 받습니다.
- 인플레이션보다 무서운 것이 불의의 사고 아니겠어요! 예고 없이 닥치는 불의의 사고를 해결해줄 수 있는 것은 보험밖에 없습니다. 은행저축으로는 해결할 수 없어도 보험으로 해결할 수 있어요.
- 인플레가 되면 물가가 올라가지만 보험료를 올려받지 않습니다.
- 변액보험은 보장과 투자, 세제혜택까지 주어지기 때문에 인플레가

걱정되는 분들에게는 가장 적합한 상품입니다.

- 돈 가치가 아무리 떨어져도 내는 돈은 일정하기 때문에 ○○님께서 기대하는 가치는 충분히 있습니다.
- ○○님, 만기에 받는 돈도 중요하지만 그 긴 보험기간에 각종 위험으로부터 보장받는 것이 더 중요합니다.
- 만기 때 수익금도 괜찮고 매년 소득공제 혜택도 받으며 부가서비스 혜택도 많기 때문에 실수익률은 매우 높은 편이죠.
- 중장기적으로 인플레는 물론 그 이상의 수익을 실현하는 변액보험을 선택하세요.

설득화법 Action Planning

■ 물가연동 화법

물가가 오른다는 이유로 지금 가입하지 않으면 장래에 더욱 고액으로 계약하는 부담이 따르며, 연령이 높아지면서 보험료도 오릅니다. 이 때문에 재정안정플랜에 나타난 현재 필요금액을 장래에 필요한 기본적 보장금액으로 생각하시고 제가 제안한 이 금액을 검토해주십시오. 장래 화폐가치가 떨어진 것만큼만 나중에 추가로 가입하시면 됩니다. ○○님을 위한 이 보장플랜도 그러한 점을 고려하여 설계했습니다.

■ 소액 선택 화법

○○님은 △△년 후면 정년이 됩니다. 현재 수입에서 ○만 원을 공제

하는 것이 무리라고 생각하시는데, 지금 준비하지 않으시면 노후에 훨씬 더 큰 금액이 들어갑니다. 현재의 ○만 원과 노후의 ○만 원의 2~3배 금액 중 어느 것을 손쉽게 지출할 수 있을까요? 결국 ○○님은 두 가지에서 한쪽을 선택하셔야 합니다. ○○님 자신이 지금부터 보험료를 내시든지 나중에 부인이 어렵게 생활비를 마련하시든지 말입니다.

■ 실질가치 보장 화법

사회가 다변화되고 국제화되다보니 인플레가 극심할 때도 있는데 보험은 시중금리 이상의 금리를 보장합니다. 보험은 단기성도 있지만 장기성 상품이 많기 때문에 때로는 인플레를 겪을 우려도 있습니다. 그러나 다행히도 요즘에는 인플레로 가치가 떨어졌어도 실질가치를 보상할 수 있는 보험상품이 개발되어 있습니다.

■ 조기 가입 화법

물론 그렇게 생각할 수도 있습니다. 그럴수록 하루라도 빨리 가입하기를 권유합니다. 왜냐하면 인플레 때문에 모든 물가가 상승하더라도 계약자가 납입하는 보험료는 오르지 않으므로 보험료 부담은 그만큼 줄어들어 더욱 유리하기 때문입니다.

■ 저축과 보장 화법

보험이나 은행 등 금융회사 상품은 인플레이션에 약한 것이 사실입니다. 그러나 같은 인플레 상황에서도 은행의 약정이율은 원래 이자율만 지급하지만 보험은 또 다른 대형 보장자산을 제공한다는 장점이 있습니다. 인플레이션이 계속된다면 소중한 자산을 지키기 위해 조금이라도 유리한 방법으로 돈을 관리해야 합니다. ○○보험은 저축과 보장을 겸비한 일석이조의 보험입니다. 더구나 비과세와 소득공제 등 세제혜택도 있습니다.

■ 물가상승률 커버 화법

인플레는 지속적으로 물가가 상승하는 것 아닙니까? 따라서 어제 만 원의 가치가 오늘은 그것만 못한 결과가 되지요. 그래서 요즘은 물가상승에 따른 손실을 보전하는 상품이나 물가에 연동된 상품, 물가보다 더 높은 이율을 실현해주는 변액상품 등 다양한 메리트가 주어지는 새로운 보장상품이 많습니다.

■ 인플레 극복 화법

인플레가 무서워서 저축을 안 하시면 결국 그 돈은 소비하기 마련이고 몇 년 동안 소비하고 나면 남는 것이 하나도 없습니다. 그렇기 때문에 인플레가 걱정되면 인플레 때문에라도 하루빨리 목돈 마련 계획을 세우셔야 합니다.

■ 행복고수 화법

보험은 저축뿐만 아니라 가정의 행복을 지켜주는 보장의 의미가 더 큽니다. 인플레가 아무리 무서워도 가정의 불행보다 무서울 수는 없습니다. 인플레가 두려워 가정의 행복을 포기하는 것은 속된 말로 구더기 무서워서 장 못 담그는 것과 같은 이치죠. 예기치 못한 불행을 당했을 때 보험금을 탄다면 다른 저축에 비해 몇십 배, 몇백 배 높은 이율을 기대할 수 있고, 한 번 돈을 내고도 ㅇ억 원의 목돈을 탈 수 있는 것이 보험인데 물가가 아무리 오른다고 해도 그 이상이야 되겠어요?

■ 맞대응 화법

설령 인플레이션이 일어나도 보험료를 더 올려받지 않고, 인플레이션의 영향은 현금이나 은행의 저축 등 모두 받는답니다. 인플레이션보다는 재해와 노후 대책이 더 두렵고 절실한 것 아니겠습니까? 어려울 때일수록 가족의 안전과 행복을 보장받는 것이 현명하지 않을까요?

■ 변액유니버설보험 화법

보험선진국인 미국 사람들은 중도입출금과 세제혜택, 고수익 실현이 가능한 변액유니버설보험을 가장 많이 가입하고 있습니다. 아마 ㅇㅇ님께서도 미국 사람들이 얼마나 합리적으로 사고하는지 아실 겁니다. 그러한 미국 사람들이 거의 30여 년이나 이 상품을 선호한다는 것은 그만큼 우수하고 안심해도 된다는 반증이 아닐까요? 그렇죠?(긍정 유도) 가계자산운용의 효율성을 극대화한 변액보험에 가입하는 것이 목적자금과 보장자산 마련이라는 두 마리 토끼를 잡는 데 가장 바람직한 생활의 기술이요 재테크 지혜라 할 수 있습니다.

다른 보험사(채널) 상품이 더 좋다는데

Selling Point

보험회사에서 개발하여 판매하는 상품의 종류가 매우 많은데, 보험상품은 공인된 과학적 산출근거 자료를 토대로 개발하기 때문에 상품내용이 비슷함을 알리면서 나름대로 차별화된 보장급부 내용을 집중 설명하는 것이 중요하다. 특히 방카슈랑스(Bancassurance), 인터넷보험, TM, DM 등 온라인 상품의 경우 순수한 오프라인 상품과 실질적인 가격 차이가 발생하므로 가입 후 사후관리 서비스의 중요성을 설득력 있게 피력하는 기술이 필요하다.

재치화법 Action Planning

- 제가 그렇지 않아도 다른 회사 상품과 비교해봤는데요. 저희 ○○ 보험은 이러한 점이 좋다고 할 수 있어요.
- 서로 비슷하다고 볼 수 있습니다. 다른 것은 고객관리를 얼마나 잘 하느냐에 달려 있습니다.
- 다른 회사의 상품내용과 비슷하다 해도 저희는 고객의 눈높이에 맞

취 상품을 개발하였기 때문에 ○○님의 마음에 쏙 들 겁니다.
- 그렇습니까? 제가 비교 · 분석해보고 ○○회사 상품이 정말 ○○님의 재무플랜 완성에 더 좋다면 그 상품을 설계해드리겠습니다.

설득화법 Action Planning

■ 최고 상품 화법

아, 그래요! 물론 그 회사 상품도 괜찮죠! 그러나 저는 ○○님 댁의 가정생활에 가장 알맞은 이 ○○보험을 권유하는 것이기 때문에 기대 이상의 만족감을 느낄 것으로 확신합니다. 이 상품은 제가 ○○님 댁의 가정상황을 고려해 제시하는 것이므로 안심하고 가입하셔도 됩니다.

■ 뛰어난 경쟁력 상품 화법

이 보험상품은 동일한 보장금액을 기준으로 할 때 일반적으로 다른 보험사의 상품보다 가격경쟁력이 뛰어납니다. 같은 보장금액인데 한쪽은 보험료가 높고, 한쪽은 보험료가 △△% 정도 저렴하다면 ○○님께서는 어느 쪽을 선택하시겠습니까? 또한 ○○님에게 가장 필요한 보장급부 내용이 더 알차고요(이 경우에는 반드시 객관적 자료를 근거로 제시해야 함).

■ 평생 재정도우미 화법

○○님! 저는 얼마 다니다가 말 보험컨설턴트가 아닙니다. 이 직업을

평생 할 각오로 임하기 때문에 오로지 고객 입장에서 보험설계를 하고 있습니다. 고객분들이 많이 협조해주셔서 이렇게 고소득을 올리고 있고요. ○○회사 상품과 제가 제안하는 이 △△상품을 객관적으로 비교하며 분석한 후 ○○회사 상품이 더 좋으면 반드시 그 상품으로 보험설계를 하실 수 있게 도와드리겠습니다. 그럼 되겠죠? 그 대신 주위에서 아직 재정안정플랜을 하지 않은 좋은 분이 계시면 꼭 소개해주세요.

■ Why 화법

왜 저희 △△회사에 보험에 가입하셔야 더 좋은지 아십니까? ○○님께서 백화점에서 옷을 사실 때 유명메이커를 고르는 것과 같은 이치입니다. 똑같은 물건이라도 만드는 회사에 따라 가치가 매우 다르듯 보험 또한 마찬가지입니다. 더구나 보험은 장기상품이라 안전성과 신뢰성이 무엇보다 중요합니다. 특히 제가 ○○님께 제안할 △△보험은 상품 선택에서 전문성, 안정성, 신뢰성이 중요한 척도가 됩니다.

■ 온라인, 오프라인 비교 화법

혹시 어느 판매 채널을 말씀하시는 건가요?(인터넷, 방카슈랑스, TM, DM 등 정확히 문의한 후 그에 따른 응대) 솔직히 인터넷 보험이 저희 같은 전문컨설턴트에게 가입하는 것보다는 보험료가 저렴합니다. 그런데 ○○님께서 꼭 알아두실 것이 있는데 보험은 가입보다 더 중요한 것이 보험혜택을 올바로 받는 것입니다. 그런데 담당설계사가 있으면 보험사고가 발생했을 때 내 일처럼 관련 구비서류 준비부터 보험금 지급시까지 제반 절차를 확실히 챙겨주지만 다른 채널을 통해 가입하면 담당설계사가 없으므로 아무래도 불편한 점이 많습니다. 실제로 보험사고를 처리하는 과정에서 이런 채널로 가입하였을 경우 컴플레인이 많답니다. 이를 간과하시면 절대 안 됩니다. 보험 가입 후 보험사고가 발생하였을 때는 신속 정확하게 보험수혜를 과부족 없이 알뜰히 받는 사후 서비스가 생명입니다.

은행 상품이 더 좋다

다른 저축기관의 상품이 더 낫다. 보험은 은행보다 불편하다.
은행상품이 더 유리하다.

Selling Point

환금성과 안전성을 중시하는 고객이므로 보험상품만의 차별성과 객관적인 비교우위를 제시할 필요가 있다. 투자한 돈의 미래가치가 일정 기간이 지난 후 목적자금 마련시기에 어떤 상품이 더 높게 나타나는지 보험의 특징과 더불어 변액보험으로 시뮬레이션한다. 특히 자산운용의 현명한 포트폴리오 방법을 전문가 입장에서 컨설팅한다.

재치화법 Action Planning

- 은행계좌를 개설하는 것은 희망이 시작되는 것입니다. 그러나 보험증권을 개설하는 것은 희망을 그 시점에서 이룬 겁니다.
- 보험은 갑자기 사망하시더라도 ㅇㅇ님이 세운 모든 계획을 이루어드립니다. 그러나 다른 금융상품들은 ㅇㅇ님께서 투자하신 시간이나 노력만큼에서 중단될 수밖에 없을 겁니다.
- 불확실성시대라 하듯 보험은 예측하지 못한 일이 발생했을 때 가능

한 금액을 보장하는 단 하나의 금융상품입니다.

- 물론 은행에 가입하면 가입 초기의 수익률은 더 높겠죠. 그런데 몸이 아프거나 불의의 사고를 당해 병원에 누워 있을 때 은행에서 도와주나요? 가정의 행복을 위해서는 저축과 보장을 겸한 보험이 더 바람직합니다.
- 세상이 하도 복잡하고 사고가 많아 저축도 반드시 위험에 대한 보장대책과 겸하여 세워야 합니다.
- 만약 ○○님께서 돌아가신다면 은행은 △△님께서 저축한 만큼 돌려드릴 겁니다. 그러나 이 △△보험은 ○○님께서 계획했던 목표금액을 전액 드립니다.
- 저축은 재산을 모으는 좋은 수단입니다. 그러나 저축은 계약자가 중도에 사망하면 보장을 전혀 제공하지 않습니다. 그러나 보험은 해줍니다.
- 단순수익률만 놓고 보면 은행상품이 많을 수도 있어요. 그렇다고 은행저축으로 재해 사고나 질병, 사망 등에 대한 위험보장을 받을 수는 없지 않습니까? 약간의 이자 때문에 미래의 재정안정보장을 포기하시겠습니까?
- 세법상 10년 이상의 보험차익은 비과세이고 금융소득종합과세 대상에서도 제외되므로 많은 고소득자가 고액으로 저축성보험, 종신보험, 연금보험 등에 가입하고 있습니다.
- 이율이 낮아 보험은 손해라고 말씀하시는데 그것은 내는 보험료와 만기에 타는 보험금만 생각하셔서 그런 것 같아요. 보험의 본질은

언제라도 약속된 금액이 보장된다는 것이에요.

설득화법 Action Planning

■ 우산 화법

제가 명언 하나 들려드릴게요. "은행은 날씨가 맑을 때는 우산을 빌려준다. 그렇지만 비가 오려고 하면 우산을 돌려받는다. 그러나 보험회사는 날씨가 맑을 때는 우산을 보관하고 있다가 비가 오면 우산을 돌려준다." 바로 마크 트웨인이 한 말인데요. 은행과 보험상품을 가장 정확하게 묘사한 격언으로 회자됩니다. 보험은 비가 올 때면 언제나 우산을 펼쳐줍니다. 어떤 상품이 더 좋은가요?

■ 엘리베이터 화법

저축은 계단을 지나 목적지에 가는 것이고 보험은 엘리베이터를 타고 목적지에 가는 것과 같습니다. 생활보장 자산 마련에 어떤 것이 더 빠른 동선입니까? 그러므로 보장과 저축을 겸비한 이 보험을 권유해드리는 겁니다.

■ 자산운용 4분법 화법

예전에는 재산보전 대책으로 부동산, 예금, 유가증권으로 나누는 재산 3분법이 알려져왔지만, 지금은 보험을 포함한 재산 4분법이 상식입니다. 그것은 높은 안정성과 환금성으로 재산을 효율적으로 관리할 필요가 있기 때문이죠.

■ 4각형 화법

저축과 보험은 가계 재정안정보장의 완성 측면에서 개념이 근본적으로 다릅니다. 보험은 4각형이고 저축은 3각형이라고 할 수 있습니다. 즉 보험은 계약이 성립되면 즉시 만기가 될 때까지는 언제까지나 완벽하게 보장받게 됩니다. 가입하는 시점부터 ㅇㅇ님의 뜻을 이루어드릴 수 있는 상품, 즉 재정안정목표를 확실하게 실현해줄 상품은 보험밖에 없습니다.

■ 희망보험 화법

현재 수입의 10% 정도를 보험에 투자한다면 미래에 가장이 사망했을 때는 그보다 훨씬 큰 의미가 있을 겁니다. 은행 계좌를 개설하는 것은 희망의 시작이지만, 보험에 가입하여 보험증권을 개설하는 것은 희망을 이룬 겁니다.

■ 보장대책 수립 화법

우리 사회는 아직도 주택이나 자녀교육비를 더 중시하는 분이 많은 것 같습니다. 그러나 대부분 봉급생활자가 평균 10년 이상 꼬박 저축해야 자기 집을 마련할 수 있는 상황에서, 오직 저축에만 의존한다면 매우 위험한 일 아닐까요? 그러기 때문에 집을 갖기 전에 불시에 닥칠 수도 있는 불행에 대한 보장대책도 당연히 있어야 합니다.

■ 재해시 효용가치 비교 화법

저축이든 보험이든 모두 장래를 위해 준비한다는 것은 같겠지만 방법에서는 커다란 차이가 있습니다. 만일 저축하는 도중에 ○○님께서 불의의 사고를 당한다면 가족의 생활은 어떻게 꾸려가시겠습니까? 예고 없는 재해가 닥칠 때 은행저축으로는 한계가 있습니다. 저축은 재산을 모을 좋은 수단이지만 계약자가 중도에 사망하면 보장을 제공하지 않습니다. 이를 대비할 수 있는 금융상품은 역시 보험밖에 없습니다.

■ 미래자산 투자 화법

일반 사람들이 선호하는 가장 기본적인 재정적 준비방법이 저축과 보험입니다. 저축은 현재시점의 비축이고, 보험은 미래시점의 비축이지요. 협의의 자산포트폴리오가 현재 비축자산의 최대 수익을 위한 순수재테크에 목적이 있다면, 광의의 자산포트폴리오는 현재 비축자산과 미래 비축자산의 균형에 관한 인생재테크라 할 수 있습니다. 현재 보유한 자산의 수익률에 대해서는 누구나 관심과 노력을 기울입니다. 그런데 미래자산에 대한 준비인 보험에는 관심과 노력을 상대적으로 덜 쏟습니다. 저축만으로 가정의 재정안정성을 이룰 수는 없습니다. 자산형성과 관리를 장기적으로 안정되게 하려면 반드시 저축과 보험에 분산투자해야 합니다.

■ 포트폴리오 화법

달걀을 한 바구니에 담지 말라는 말이 있습니다. 소중히 아끼는 것은 나누어 보관하라는 뜻입니다. 재산을 만들 때도 은행과 보험을 동시에 이용해서 분산투자하십시오. 이미 은행과 거래를 하시니 나머지는 위험보장이 완벽한 보험에 가입하면 수익률도 좋고, 위험보장도 완벽한 기막힌 재테크가 됩니다.

■ 장점 부각 화법

저축은 기일이 지나면 연체이자가 붙지만 보험은 그다음 달 말일까지는 연체이자를 면제합니다. 또 보험료를 미리 내면 할인해드리는 혜택도 있지요. 일시적으로 납입하지 않을 경우에도 자동대출 납입 등의 제도가 있고 일시적으로 돈이 필요할 때도 보장은 계속 받으면서 약관대출을 이용할 수 있습니다.

■ 연금보험 선호 화법

일장일단이 있는데요. 맨 처음 개인연금이 나왔을 때는 은행상품을 선호했는데 지금은 노후생활을 대비하기 위한 준비수단으로 70% 이상 고객이 연금보험을 선호한다고 합니다. 그것은 보험만의 장점인 위험보장과 더불어 은행과 달리 평생 연금을 지급하고, 특약에 가입하면 활동기에 대한 보장도 다양하게 해주는 장점이 있기 때문입니다.

■ 목표금액 중요성 제시 화법

○○님 말씀이 맞습니다. 수익률만 따지면 은행 이자가 더 높을 수 있지요. 그러나 은행과 보험의 가장 큰 차이점은 어떤 경우에도 내가 목표

한 금액을 마련할 수 있느냐 하는 점입니다. 은행저축은 가장에게 재해나 사망 사고가 발생할 경우에는 중도에 해약하게 되어 목돈을 만들 수 없습니다. 그러나 보험은 언제든지 목표한 금액을 반드시 마련할 수 있습니다. 단 한 번 은행에 적금을 넣고 불의의 사고를 만났다면 결과가 어떻겠습니까? 적금은 안전한 상황만 기대하며 조금씩 부어 재산을 만드는 것이고 보험은 혹시 일어날지 모를 일에 대비해서도 조금씩 준비하는 방법입니다. 또 계약 후의 사후 봉사와 지속적인 고객서비스도 보험의 유리한 점이지요. 그래서 ㅇㅇ님께 보험을 권하는 겁니다.

■ 두부, 간장 화법

흔히들 저축은 두부, 보험은 간장이라고 합니다. 두부는 우리 몸을 살찌우지요. 그러나 간장은 음식 맛을 내게 할 뿐만 아니라 음식을 상하지 않게 합니다. 저축이 가정을 살찌우는 두부와 같다면 보험은 가정의 행복을 지켜주고 키워주는 간장과 같습니다. 그래서 보편적으로 저축과 함께 보험을 준비하지요. 저축으로 가정을 살찌우고, 보험으로 행복을 보장받고. 어때요? 완벽하지 않나요?

주식이나 부동산이 더 낫다

차라리 주식(부동산)에 투자하겠다.

Selling Point

단기적 수익률을 선호하며 투자 개념으로 재테크하려는 사람들의 반응이다. 삶의 리스크 헤지가 단순한 수익을 올리는 것보다 훨씬 중요하다는 점을 부각한다. 또 주식이나 부동산은 수입이 좋은 반면, 위험성이 크고 보장이 안 된다는 점을 설명한다.

재치화법 Action Planning

- 주식은 세금이나 수수료가 많으므로 실질적 이익은 생각하신 대로 그리 많지 않습니다.
- 부동산은 환금성에 문제가 있으므로 긴급하게 돈이 필요할 때는 곤란합니다.
- 주식과 부동산 투자를 하려면 일시에 목돈이 필요합니다. 그러나 보험은 작은 돈으로 큰돈을 보장받을 수 있습니다.
- 잘 투자하면 좋겠습니다만 위험이 너무 크죠. 깡통계좌, 부동산 거

지라는 말이 있듯이 크게 손해 볼 수도 있거든요.

설득화법 Action Planning

■ 1석 3조 화법

선부른 투자는 매우 위험하죠. 주위에서 부동산이나 주식에 투자하여 손해 보는 사람을 흔히 볼 수 있습니다. 저희 회사에는 수익률도 좋고 보장도 큰 상품이 개발되어 있습니다. 게다가 세제혜택도 받을 수 있으니 1석 3조 아니겠습니까?

■ 안전제일 화법

주식이나 부동산투자로 더 큰 수익을 올릴 수도 있습니다. 그러나 양자 모두 손해에 대한 아무런 보장이 없습니다. 전문가들은 주식투자에서 소액 투자자들이 대주주의 농간, 정보부재, 정보 분석능력 부족 등으로 손해 볼 확률이 크다고 이야기합니다. 최근의 주식시세를 볼 때 잘 운용하면 이익을 볼 수 있겠지만 폭락장세가 거듭될 때는 엄청난 손실도 볼 수 있는 양면성이 있으니 주식투자는 참으로 위험부담이 큽니다. 안전이 제일 아닌가요?

■ 포트폴리오 화법

힘들게 모은 소중한 재산을 포트폴리오에 입각하여 관리하는 게 현명하지 않을까요? 재산을 보험이나 예금 또는 부동산, 주식 등에 분산하여 투자하는 것이 훨씬 더 안전할 것입니다.

■ Yes But 화법

물론 부동산도 좋은 투자 방법입니다. 투자이익이 많이 발생하면 참 좋지만 부동산의 단점은 정말 돈이 필요할 때 무용지물이 될 수 있다는 것이지요. 가격이 올라 원금의 몇 배가 되었다 해도 요즘처럼 돈이 없어 사줄 사람이 없다면 과연 어떻게 하겠습니까? 취득 후 양도까지 일정한 시간이 지나야 하고 세금 또한 신경 쓰이는데 지금 상황에서는 위험 부담이 너무 큰 것 아닙니까? 그러나 보험은 재산을 안전하게 증식해주며, 부대비용이 추가로 들지 않고 세금 걱정 또한 없어 정말 필요한 순간에 ㅇㅇ님 곁에서 가정의 안전과 행복을 지켜줄 겁니다.

■ 1석 4조 화법

외국에서는 재산증식 방법으로 네 가지 형태로 분산하여 관리한다고 하지요. 부동산, 유가증권, 저축, 보험이 그것인데요. 주식이나 부동산은 잘하면 이익을 낼 수 있으나 안전하지는 않지요. 반면 생명보험은 수익률뿐만 아니라 보장도 크고 안전하며, 세제혜택까지도 받을 수 있습니다.

■ 안정수익성 화법

장기 저금리시대에 고수익을 달성하는 방법은 주식과 부동산 투자 말고는 없다고들 말합니다. 그런데 주식은 ㅇㅇ님께서도 잘 알다시피 단기적으로 위험이 매우 크게 발생합니다. 또 증시 흐름에 따라 수익률 변동폭이 매우 커서 여러모로 위험합니다. 그러나 장기투자를 할 경우에는 이러한 위험 부담 없이 안정적인 수익률 달성이 가능합니다. 그리고 부동산은 적절한 물건을 확보하지 못하면 자칫 위험이 많이 따릅니다. 물론 변액보험도 리스크는 다릅니다. 그런데 그건 단타 위주로 주식을 매매할 경우이지 10년 이상 장기로 매월 항상 고정적으로 우량주식을 매입할 경우에는 그런 위험은 발생하지 않습니다. 주가가 내려가면 내려가는 값에 해당되는 물량을, 주가가 올라가면 올라가는 만큼의 물량만 구매하기 때문에 안정적인 수익을 창출하는 것이죠. 즉 코스트 에버리징 효과가 많이 발생합니다. ㅇㅇ님! 이 자료를 보시겠습니까? (코스트 에버리징 효과에 따른 장기투자의 이점을 설명한다.)

클로징시 거절처리화법

Action Planning

계약체결의 마지막 가장 중요한 관문에서 고객이 거절하면 참 난감하다.
컨설팅 과정을 스스로 살펴보면서 고객의 거절에 이성과 감성을 조합하여
구매 욕구를 갖도록 시기적절하게 실전화법을 전개한다.

아무래도 여유가 없어 마음이 안 놓인다

보험료가 부담스럽다. 보험료가 너무 비싸다. 아무래도 부담스럽다.

그렇게 많은 보장금액은 필요 없다.

Selling Point

니즈환기가 되었고 가입 욕구도 있지만 경제 사정을 종합적으로 고려할 때 별도의 추가 지출은 무리라는 생각이 들어 불안해하는 반응이다. 이럴 때는 떡밥을 먹은 고기를 낚아채듯 바로 그 자리에서 고객을 안심시키면서 청약서에 사인하도록 유도해야 한다. 일단 가입하면 의외로 안심한다.

재치화법 Action Planning

- 가계규모는 얼마든지 조절할 수 있습니다. 가정의 행복을 위해 십일조를 낸다고 생각하십시오.
- ○○님! 현명하게 선택하시는 겁니다. 나중에 저한테 고맙다고 하실 겁니다.
- 만약 ○○님께서 10년 전에 이 보험에 가입하셨다면 지금 어떤 생각이 드실까요?
- 현재도 여유가 없다고 하신다면 만약 ○○님의 가족이 ○○님의 소

득 없이 생활해야 한다면 어떨 것이라고 생각하십니까?

- ○○님, 보험료가 비싼 만큼 만기나 불의의 사고 때 타는 금액(보험금)도 많아집니다.
- 이 보험에 가입하시지 않으면 앞으로 가입할 기회는 점점 적어지고 보험료는 기회비용 이상으로 비싸집니다.
- ○○님, 최소한 이 정도 필요자금은 있어야 댁에 도움이 되지 않을까요?
- 하루 커피 한 잔, 담배 한 갑만 줄이면 됩니다. 무의미하게 쓰이는 것을 가족을 위해 의미 있게 써보십시오.
- 만약 보험료를 ○만 원 낮추면 보험금은 이 정도밖에 나오지 않습니다. 그럼 나중에 또 다른 보험에 가입해야 하는 이중 부담을 지게 됩니다.
- 가장이신 ○○님께서 이 정도 보험료가 부담이라면 만약의 사고가 났을 때 남은 가족에게 부담될 필요자금은 어떻게 해결하면서 살아가란 말씀입니까?
- 보험료가 비싸다고 가입을 주저한다는 것은 오랜 기간 항해를 떠나실 분이 구명대 구입하기를 주저하는 것과 마찬가지입니다.
- ○○님과 가족에게 미래 생활보장에 필요한 만큼 충분한 보장자산을 확보해야 합니다.

설득화법 Action Planning

■ 최적정 금액 가입 유도 화법

○○님의 가정이 지금처럼 계속해서 행복하게 생활하려면 최소한 어느 정도 자금이 필요한지 계산해본 것으로, 가정의 기둥으로서 가족을 위해 지고 있는 경제적 책임을 표시한 금액입니다. 이 때문에 ○○님은 앞으로 일생 동안 반드시 건강하게 일하고 사랑하는 가족을 위해 이 이상의 금액을 벌어들이지 않으면 안 됩니다. 그러나 혹시라도 일할 수 없게 되는 사태가 일어났을 때를 대비하여 이 정도는 가입해야 합니다.

■ 가족사랑 크기 화법

많은 사람이 보험에 가입할 때 보험금액을 낮추고 싶어하지 않습니다. 그 이유는 사랑하는 가족에 대한 보장의 크기를 낮추고 싶어하지 않기 때문입니다. 이 ○○보험상품은 피보험자가 장해 2급이나 3급에 해당되었을 경우 주계약뿐만 아니라 관련되는 특약에 대해서도 보험료 납입을 전액 면제해드립니다.

■ 대가 지불 화법

보험을 불충분하게 드는 것은 큰 도박과 같습니다. 본인이 보장을 많이 받고 있다고 착각할 수 있는데 이렇게 되면 자칫 비극을 초래할 수도 있습니다. 만약 ○○님께서 돌아가신다면 그 대가는 가족이 치르게 됩니다.

■ 담배 1갑 화법

○○님, 담배 피우실 때는 아까운 생각이 하나도 안 드시죠? 그렇게 건강에 도움도 안 되는 담배도 피우시면서 가정의 행복을 위해 하루 담배 1갑 정도의 지출을 못하시겠습니까? 하루 커피 한 잔(담배 한 갑) 안 마시는(안 피우는) 셈치고 가입해보세요! 건강이 좋아질 뿐만 아니라 나중에는 가입하길 잘했다고 생각하실 겁니다(애주가에게는 술에 비유해서 설명).

■ 경제적 가치 화법

물론 그렇게 생각할 수 있습니다. 조금 부담스러운 금액일 수도 있습니다. 그러나 보험료가 다소 비싼 것은 ○○님의 경제적 가치가 높기 때문입니다. 가족의 꿈을 실현하려면 이 정도 금액은 부담하셔야 합니다. 자녀들 결혼자금이 얼마나 들어가는지 한 번 보십시오.(노후 자금이 실제로 얼마나 필요한지 한 번 보십시오.)

■ 최소가입금액 화법

○○님도 알고 계신 것처럼 현대는 보험이 생활필수품입니다. 말을 바꾸면, 보험에 가입한다는 것은 생활에 필요한 물품을 필요한 만큼 산다는 것과 같은 것으로 생각하셔야 합니다. 이 재정안정플랜은 ○○님의 가정에서 장래 필요한 경제적 준비자금을 기초로 설계한 금액입니다. 이 가입설계서에 제시된 것은 ○○님께 반드시 필요한 보험금액의 최소한도로 불입할 수 있는 보험료 규모입니다.

■ 비월납 화법

재정안정플랜에서 확인하신 것처럼 장래에 필요한 경제적 준비자금에 기초하여 설계한 금액으로 준비하셨으면 합니다만…… 정 그러시다면 비월납 방법을 이용하면 어떻겠습니까? 매월 월납으로 보험료 ○○만 원을 내기 벅차면 우선 월납으로 납입하다가 목돈이 생길 때 6개월납이나 3개월납으로 납입하면 보험료도 할인되고 좋습니다.

■ 소액 선택 화법

○○님! 현재 ○○만 원 지출이 무리라고 하시는데, 지금 준비하지 않으면 노후에는 더 큰 금액이 들어가게 됩니다. ○○님께서는 지금 들어가는 작은 금액과 노후에 들어가는 큰 금액 중 어느 한 가지를 선택하셔야 합니다.

■ 가족의 미래 운명 화법

예, 매월 이만한 보험료를 불입한다는 것이 쉬운 일은 아니죠. 그러나 이 보험상품에 가입하면 가족이 안심하고 생활할 수 있습니다. 지금 매월 내시는 돈은 가정생활에 그리 큰 영향을 주지 않지만 만일의 경우에는 가족의 운명을 바꿀 수 있는 매우 큰 역할을 합니다. 장래 커다란 차이를 가져올지 모릅니다.

■ 보험료 조정 화법

보험료는 조정 가능합니다. 다만 지금 제가 말씀드리고 싶은 것은 보험료 문제가 아니라 ○○님과 자녀들을 위해서는 현재 생활비를 유지하면서 아무런 보장을 해놓지 못하는 것과 비록 살림이 빠듯하고 궁해지더라도 얼마 동안 조금씩 절약해서 이와 같은 보장자산을 준비하는 것의 차이가 나중에 너무나 크다는 겁니다. ○○님께서는 제 의견에 동의하시죠? 젊어서 고생은 사서도 한다고 하지 않습니까? 약간의 고생이 ○○님 가정을 위험으로부터 지켜주는 초석이 될 겁니다.

■ 큰 의무 일임 화법

보험료가 부담스럽다는 말씀은 이해합니다. 그럼 제가 지금까지 말씀드렸던 내용을 다시 한 번 검토해보겠습니다(인생의 5대자금 재설명). 맞습니까? 바로 이 금액은 ○○님께서 가족을 위해 책임져야 합니다. 매우 버거운 금액이지요. 그러나 이 의무를 간단하게 벗어버릴 방법이 있습니다. 이 의무를 저희 ○○회사에 일임하면 됩니다. 저희 보험회사가 ○○님의 커다란 의무를 맡는 대신 ○○님께서는 아주 작은 의무만 실행하면 됩니다. 매월 △△만 원씩만 불입하면 모든 게 해결되지요. 어떻습니까?

■ 최적의 보험료 제시 회법

현재 ○○님 정도의 수입이라면 ○○만 원 정도를 가족의 미래 생활보장을 위해서 지출해야 합니다. 매월 ○○만 원을 △△세까지 지출한다면 ○○회를 납입해야 합니다. 과연 자녀와 가족에 대한 진정한 사랑이 없다면 ○○회의 보험료를 그렇게 많이 지출하는 것이 가능하겠습니까? 보험은 가족을 사랑하는 마음이 없으면 가입할 수 없습니다. 설령 가입하더라도 언젠가는 해약하는 실수를 범할 수도 있습니다. 진정으로 가족의 미래를 생각하고 가족을 사랑한다면 이 정도는 불입해야 이만한 보장자산을 마련할 수 있습니다.

■ 비교 선택 화법

제가 한 가지 비유를 들겠습니다. 내일 아침 ○○님께서 출근하셨을 때 △△님께서 부르십니다. "김 과장, 자네가 우리 회사에 입사해서 그동안 일도 열심히 하고 회사 실적도 많이 오르고 해서 제안을 하나 하겠네. 첫째는 자네가 현재 하는 일을 그대로 하고 급여도 변동 없는 일이고, 둘째는 현재 하는 일을 그대로 하고 대신 자네 급여에서 매월 ○○만 원을 나에게 지급하는 일이네. 그러면 자네에게 무슨 일이 생겼을 때 사장인 내가 자네 가족을 위해 생활자금, 교육자금, 주택자금, 자녀 결혼자금까지 모두 해결해주고 또 정년까지 아무 일도 없다면 그때까지 내게 냈던 돈을 다시 돌려주겠네. 어떤가?"라고 제안한다면 ○○님은 어떠한 제안을 택하시겠습니까?(이 질문에 고객은 대부분 두 번째 제안을 택할 것이다.) 그렇죠?(긍정 대답 유도) 바로 보험이 그런 미래 보장 상품입니다.

■ 선택 칭찬 화법

걱정하지 마세요. 제가 제안해드린 이 재무플랜대로 추진하시면 나중에 크게 만족하실 겁니다. 저는 ○○님께 가장 적합한 최상의 재무플랜을 제안한 겁니다. 여기에 사인하시고 나머지는 제게 맡기시기 바랍니다. 사후 보험서비스에 차질 없게 성심을 다하겠습니다.

■ 큰 불안 해소 화법

네, ㅇㅇ님 말씀대로 마음이 안 놓일 수도 있습니다. 하지만 나중에 ㅇㅇ님 가족에게 살아갈 돈이 하나도 없게 되는 큰 불행이 닥쳐 마음에 상처를 남기는 것보다 지금 약간 부족한 경제적인 작은 불안을 감내하는 것이 훨씬 낫지 않겠습니까?

■ 조문 화법

혹시 아는 분께서 불의의 사고로 돌아가셨을 때 문상 가신 적 있으시죠? 그때 고인이 재산을 얼마나 상속해줬느냐고 직설적으로 물어보는 사람은 없을 겁니다. 조문객이 대부분 유가족이 앞으로 어떻게 살아갈지 걱정했을 겁니다. 하지만 그분들이 도울 방법은 부조금 정도입니다. 지금껏 ㅇㅇ님은 그분들 중 한 분이셨을 겁니다.

만약 ㅇㅇ님 가족에게 그러한 불행한 일이 닥친다면 역시 아내와 자녀를 위로하러 찾아온 조문객들에게 동정과 위로를 받겠지요. 저는 결코 그러한 일이 ㅇㅇ님 가정에 일어나지 않게 하려고 말씀드리는 겁니다. 결국 ㅇㅇ님께서도 지금 저축하고 또 원하는 물건 사는 데 지출하는 돈과 이 보험료를 비교한다면 어느 것이 더 우선이고 중요한지 잘 알게 될 겁니다. 먼저 최우선으로 만약의 불행에 대비하고 나머지를 절약하여 생활하신다면 결코 불행한 일은 없을 것이라 생각합니다. ㅇㅇ님! 이

제 보장자산 마련의 필요성을 확신하셨다면 여기에 서명하면 됩니다.

■- 절제의 만족 화법

네, 그것은 ○○님께서 고정된 소득(월급)으로 계획된 생활을 하시기 때문에 어려운 겁니다. 이렇게 한 번 생각해보시지요. 지금 계획된 생활에는 외식비, 옷값, 술값, 용돈, 가구 또는 가전제품 구입 등의 비용이 들어가 있을 겁니다. 그런데 그러한 비용이 필요하긴 해도 절실하다고는 생각하지 않을 겁니다. 보장자산이라는 부분은 ○○님과 자녀를 위해서 한 달에 옷 한 벌 사주고 술 마시는 것보다 더 절실한데도 보장자산 마련이 현재의 계획에서 뒤로 밀려난다는 것은 매우 불합리한 계획이라고 생각합니다.

만약 ○○님께서 보장자산 마련 계획은 여유 있을 때 하겠다고 생각한다면 평생 무방비 상태로 갈 수밖에 없을 것입니다. 지금 가입하면 물론 몇 개월은 약간 절제된 생활이 뒤따르겠지만 그 후에는 적응되어 생활이 괜찮아질 것입니다. 아닌가요? 그리고 또 얼마 안 있어서 ○○님의 소득(월급)도 오르면 지금 한 결정이 아주 잘한 선택이라고 생각하게 될 겁니다. 가장 소중한 아내와 자녀를 위해서 여기에 서명하십시오.

■- 양어깨의 짐 화법

물론 기존의 가계 지출에서 추가로 부담해야 한다고 생각하면 아무래도 부담스러울 겁니다. 그렇지만 ○○님! ○○님은 현재 양쪽 어깨에 무거운 짐을 두 개 지고 계십니다. 한쪽 어깨에는 사회생활에서 성공해야

겠다는 마음의 짐을, 또 다른 어깨에는 사랑하는 가족, 즉 ○○님과 자녀를 평생 책임져야 한다는 가장으로서의 경제적 짐을 지고 계십니다. ○○님께서 사회에서 성공해야 하는 부분의 짐을 제가 책임질 수는 없습니다. 그러나 가장으로서 경제적 짐을 덜어드리는 데는 제가 보탬이 될 겁니다. 매월 △△만 원 정도면 가족을 위한 무거운 짐을 가볍게 할 수 있는데 이것이 부담된다면 ○○님께서는 평생 무거운 짐을 지고 살아가야 합니다.

■ 우선순위 화법

사랑하는 가족을 위해서는 지출에서 우선순위를 잘 정하는 계획적이고 알뜰한 씀씀이가 필요합니다. 제가 제안한 이 재무플랜으로 가정경제 전체를 보전한 다음 나머지 자금으로 가계를 꾸려 나가시는 것이 더 현명한 방법 아닐까요? 가정의 미래 안전보장을 위해서 마련하는 보험료가 ○○님의 용돈이나 저축보다 우선순위에서 밀려서는 안 됩니다. 현재 ○○님께서는 그 무엇보다 소중한 가족사랑을 표현해야 하는데 그 길이 보험입니다. ○○님! 이 청약서에 사인하는 순간 ○○님과 가족에 대한 보장이 시작됩니다. 여기에 사인하십시오.

나중에 가입하겠다

좀 더 생각해봐야겠다. 다음에 다시 보자(오라). 시간을 달라.
O월 이후에나 생각해보자. 신상품이 나오면 가입하겠다.

Selling Point

무엇보다 경제 사정의 궁핍을 이유로 드는 경우가 많다. 미리 준비하지 않으면 안 된다는 것을 각종 사례(사고, 질병, 노후문제, 자녀교육 등)를 들어 삶의 리스크 헤지를 위한 보험의 필요성을 환기한다. 무리하게 결심을 재촉하지 말고, 망설이는 진정한 이유가 무엇인지 신중히 파악하여 고객이 선택하도록 결단을 유인하는 화법을 사용한다.

재치화법 Action Planning

- 햇빛이 있는 동안에만 건초를 말리듯이 보험가입은 미룰 수 없습니다. 선택이 중요합니다. 시기를 놓치면 후회하게 됩니다.
- 금리가 인하되면 보험료가 인상되기 때문에 지금 가입하는 것이 훨씬 이롭습니다.
- 그 나중이란 말씀이 온 가족이 곤궁한 처지에 놓인 다음 보험에 가입하겠다는 말씀은 아니겠지요? 보험가입은 나중으로 미룰 수 있

지만 언제 닥칠지 모르는 불의의 사고는 미룰 수 없습니다.

- 현재 8%의 투자는 미래에 ○○님이 안 계신 ○○님 가정에 그 반대인 92%의 매우 커다란 의미를 부여할 겁니다.
- △△보험은 참 재미있는 금융상품입니다. ○○님께서 나이 드실수록 비싸지며, 또한 12시를 넘기면 비싸지니까요.
- ○○님 댁에 가장 적합한 상품을 전해드리는 겁니다. 나중에 가입하면 보험료가 비싸집니다. 하루라도 먼저 가입하시는 것이 그만큼 혜택을 더 받는 셈이 됩니다. 제가 아는 계약자분들 가운데는 좀 더 일찍 가입했더라면 하고 후회하는 분들도 많아요.
- 사랑하는 가족을 위해서 준비하는 보장을 ○개월 동안 방치하겠다는 생각은 아니시죠?
- 신상품이 나오면 ○○님께서 원하시는 이 상품과 성격이 비슷할 것이므로 그때 신상품으로 전환해드릴 수 있습니다.
- 저도 신중한 편이어서 어떤 결정을 선뜻 내리지 못하는 경우가 많습니다. 그래서 드리고 싶은 말씀은 저에게 이미 보험에 가입한 많은 계약자 중 보험가입을 후회하는 분이 없다는 겁니다.

설득화법 Action Planning

○월은 상령월이랍니다

○○님! ○월에 가입하면 절대 안 됩니다. 왜 그런지 아세요? 바로 ○월이 ○○님 보험 나이로 상령월이기 때문입니다. 상령월(霜翎月)이라는

말 들어보셨는지요? 상령월은 보험나이로 나이 한 살을 더 먹는 시점의 연령을 말합니다. 상령월이 지나면 주민등록상 나이로는 ○○세로 같지만 보험 나이로는 한 살을 더 계산하므로 보험료가 그만큼 더 올라갑니다. 그럼 올라간 보험료로 보험기간이 만기될 때까지 불입해야 합니다. 얼마나 큰 손해가 납니까? (매월 늘어나는 보험료와 총불입금액을 계산해 알려준다.) 그러므로 한 살이라도 더 젊은 상령월 이전에 가입해야 합니다. 한 살이라도 더 젊었을 때 가입해야 더 이익입니다.

■ 상령월 활용 화법

제가 ○○님 가입설계서를 뽑아보니까 지금 가입하는 것과 ○달 후 가입하는 경우 위험보험료 차이가 ○○○원 정도 납니다. 10년 후 수익률 또한 ○○만 원이나 차이나죠. 그 이유는 이 변액보험은 피보험자 나이에 따라 월불입하는 위험보험료 규모가 다르게 설계돼서 그렇습니다.(여기서 자연보험료와 평균보험료의 원리를 설명한다.) 단지 ○개월 차이 때문에 매월 ○○○원을 더 불입해야 하고 또 △△년 후 ○○만 원 손해 볼 필요는 없지 않습니까? 그렇죠?(이 경우 나이 먹을수록 수익률이 떨어지는 이유도 같이 설명한다.)

■ 하루빨리 시작해야 하는 5가지 이유

보험은 하루라도 빨리 시작해야 합니다. 그 이유는, 첫째, 보험은 사망률과 생존율을 근거로 만든 통계상품이므로 젊을수록 저렴하여 총체적 투입비용이 달라지기 때문입니다. 둘째, 건강을 담보로 고액의 보험금을 지급하기 때문에 건강상태에 따라 가입 여부가 결정되므로 나이를 먹으면 그만큼 가입조건이 까다롭습니다. 셋째, 지금이라도 가입하면 저비용으로 시작할 수 있기 때문입니다. 특약상품은 대부분 갱신계약을 하므로 나이를 먹으면 보험비용이 점점 늘어나게 됩니다. 넷째, 보험은 시작해야 효과가 발생하는 미래 신용상품입니다. 만약이란 불확실성은 기약이 없으므로 자신의 라이프스타일에 맞는 계획을 하루빨리 세워야 가정의 위험회피가 가능합니다. 다섯째, 계획을 세우지 않는 것은 실패하려는 계획과 같다는 서양속담이 있습니다. 보험은 먼저 현금을 지출하고 먼 훗날 자신이 지출한 현금보다 더 많은 현금, 즉 보장자산을 확보하는 시간적 금융상품이므로 언제 시작하는지가 가장 중요합니다. 자신과 가족의 삶에서 사회적 욕구를 충족하고 인생에 만족한 결과를 원한다면 장기적 재무플랜을 세워야 하는데 이를 충족할 수 있는 저비용 금융상품은 보험밖에 없습니다.

■ 설마 아닌 혹시 화법

위험이 발생할 객관적 확률은 누구를 막론하고 어김없이 다가오지만 사람들은 대부분 자신은 예외인 양 주관적으로만 생각합니다. 나에게는 '설마'라고 생각했던 일들이 언제 '혹시'로 바뀔지 아무도 모릅니다. 자신과 가족의 미래를 지키려면 무엇을 얼마나 준비해야 하는지 꼼꼼히 생각해봐야 합니다. 불확실성의 시대, 나와 가족을 보호하고 가정을 지키는 가장 효과적인 방법은 보험입니다. 근데 안타깝게도 이 세상에서 가치 있는 재산 가운데 하나가 보험증권임을 미처 알지 못하는 분들이 있습니다. 바로 지금이 보험에 가입할 가장 좋은 때입니다.

■ 신속 결정 화법

우리가 하루하루를 살아가는 데는 변수가 많습니다. 오늘 할 일이 있고 내일 할 일이 따로 있기도 하죠. 그리고 지금 결정해야 할 일이 있고 미루어놓았다가 나중에 해결해야 할 일도 있습니다. 그런데 이 ○○보험 가입은 망설이면 안 됩니다. 바로 지금 이 순간 ○○님께서 확실하게 결정하셔야 합니다. 제가 ○○님을 만나는 것은 ○○님께서 제공하신 정보를 토대로 재테크와 재정안정을 동시에 시현할 가장 적합한 재정안정플랜을 보여드리려는 겁니다. 결정은 신속하게 하는 것이 좋습니다.

■ 즉시 결정유도 화법

지금 결정하지 못하면 제가 나중에 ○○님을 만나도 ○○님께서는 흔쾌히 결정하지 못할 수도 있습니다. 그럼 저는 이 자료를 가지고 다람쥐 쳇바퀴 돌듯 ○○님께 설명해야 할 겁니다. 그렇죠(질질 끄는 행동이 안타까워 고객을 다그치거나 무시하는 투로 말하면 절대 안 된다). 그럼 ○○님 일하는데 제가 괜히 시간을 빼앗는 것 같아 마음이 편치 않을 겁니다. ○○님께서도 만날 때마다 가입을 권유하는 제가 거북할 수도 있습니다. 솔직히 그렇죠? 그러나 제가 저의 소득을 올리기 위해 이 상품을 권유하는 것이 아님을 ○○님께서는 잘 아실 겁니다. 그렇다면 망설이지 마시고 지금 가입하십시오. 만약 △△님(남편)께서 반대하신다면 제가 만나 뵐 수 있게 해주십시오.

■ 사후약방문 화법

물론 중요한 일을 충분히 생각하고 결정하는 것이 필요합니다만, 요즘은 언제 어떤 사고가 발생할지 모르는 재해 다발시대 아닙니까? '소 잃고 외양간 고친다'는 속담은 모든 일을 미리 준비해야 한다는 조상들의 교훈입니다. 나중에 정말 필요할 때는 이미 늦습니다. 속히 결정하여 안심하고 생활에 임하셔야 하지 않을까요? 하루빨리 안심할 수 있는 예방책을 마련하시는 것이 좋습니다. 가족을 사랑한다면 지금 결정하시지요.

■ 마음안정 화법

물론 그렇게 하실 수도 있습니다. ㅇㅇ님, 혹시 좋은 기회를 미루다가 놓쳐 속상했던 일 없으세요? 이렇게 놓친 기회는 다시 돌아오지 않고, 다시 온다 해도 많은 시간을 기다려야 합니다. 이때 기다리는 시간은 매우 아쉽기도 하고, 아깝기도 하지 않을까요? 보험도 마찬가지입니다. 하루라도 먼저 가입하면 이런 아쉬움에서 벗어나 가입 즉시 ㅇㅇ님의 마음이 편안해질 겁니다.

■ 건강진단제시 화법

ㅇㅇ님, 보험계약에는 ㅇㅇ님의 결정 외에 회사의 결정도 필요합니다. 회사의 결정은 신체상, 도덕상, 환경상 위험에 따라 좌우됩니다. 그래서 ㅇㅇ님께서 먼저 결정하고 그 뒤 회사가 결정하게 됩니다. 아직 이건에 대하여 ㅇㅇ님의 결정을 듣지 못했습니다. 회사의 결정을 먼저 확

인하는 것이 어떨까요? 그렇게 되면 ○○님의 결정이 최종결정으로 됩니다. 먼저 건강진단을 받으시고 회사가 ○○님의 계약을 받을 수 있다고 판단하면 ○○님이 최종결정하셨으면 합니다. 건강진단일은 ○일 ○시경이 좋으시겠습니까?

■ 가정의 미래 안정 화법

그렇습니다. 인생을 설계하는 데 신중할 필요가 있습니다. 그러나 보험의 필요성을 뒤늦게 깨닫고 후회하는 사람을 많이 봅니다. 제가 끈기 있게 권하지 못해서 피해를 본 분이 있거든요. 가정의 미래를 위해서는 빨리 결정하셔야 일생 후회 없는 설계를 해드릴 수 있습니다.

■ 마음먹기 화법

지금 보험가입을 미루는 것은 가정의 장래를 소홀히 하는 것과 같습니다. ○○님! 몇 년 전에 비해 지금은 분명히 수입이 늘었을 겁니다. 하지만 그때와 비교하여 여유가 어떻든가요? 마찬가지일 겁니다. 왜냐하면 수입이 늘수록 그에 맞추어 생활수준도 올라가 경비지출이 많아졌기 때문이지요. ○○님! 지금 결정하시죠. 마음먹기에 따라서 여유도 생기는 겁니다.

■ 가입 자격 화법

○○님! ○○님께서 지금 당장 가입하는 것을 주저하는 이유를 저는 잘 알겠습니다. 하지만 사실 이 △△보험은 ○○님께서 가입을 원한다

고 무조건 가입할 수 있는 것은 아닙니다. 저희 회사의 심사요건을 충족할 수 있는 적격우량체만 이 보험의 혜택을 받을 수 있습니다. ㅇㅇ님께서 이 보험에 가입할 자격요건을 충족하는지를 알 수 있는 유일한 방법은 제가 이 청약서를 작성하여 회사에 제출하는 겁니다. 그런 후 ㅇㅇ님께서 가입자격에 통과되면 만족하실 겁니다. 최근에 건강진단을 받으신 게 언제입니까?

■ 실사례 제시 화법

ㅇㅇ님께서 주저하는 마음은 잘 알겠습니다만 괜찮다면 얼마 전 제 고객에게 실제로 일어난 일을 말씀드리고 싶습니다. 그분도 지금 ㅇㅇ님의 마음처럼 많은 갈등을 하면서 매우 중대한 결단을 내리셨습니다. 그분은 제게 ㅇ월 ㅇ일에 계약하시고, 부인은 임신 중이었기 때문에 그로부터 3일 후 혼자서 △△유원지로 휴가를 떠났다가 보트사고로 그만 돌아가셨습니다. 사고 3일 후 제가 보험증권을 전달하려고 연락하던 중 돌아가셨다는 부인의 말을 듣고 혼자 남게 된 임신한 부인을 생각하니 저도 모르게 눈앞이 아찔하고 캄캄해졌습니다.

한편으로는 그분이 보험 가입을 갈등할 때 가족사랑이라는 말로 한 시간 동안 그분과 논쟁을 벌이던 일이 주마등처럼 스쳐갔습니다. 저는 즉시 그분 집으로 찾아가 장례식을 마치게 한 다음 부인에게 저희 회사에서 ㅇ억 원이라는 보험금을 지급하여 경제적 고통을 어느 정도는 해결해드릴 수 있었습니다.

■ 최고 상품 권유 화법

(신상품 나오면 가입하겠다고 할 경우) ○○님, 보험상품에 대하여 잘 알고 계시네요. 물론 최근에는 고객의 요구가 다양해져 보험회사도 그에 대응하고자 여러 가지 신상품을 개발하여 판매합니다. 그러나 ○○님의 경우 재정안정플랜을 근거로 장래 예측되는 필요한 경제적 준비로서 가장 적합한 보험상품을 선정해왔기 때문에 신상품이 판매되어도 전환할 필요가 없습니다.

■ 상품 교환 서비스 화법

○○님! 물론 보험료 인하 뒤 가입하는 것이 경제적으로 이득일 수도 있습니다. 하지만 이미 각종 매스컴에서 보험료 인하가 보도된 만큼 저희 ○○회사에서는 보험료 인하 전 가입한 고객에게는 상응하는 서비스를 해드리기로 했는데요. 바로 '상품교환서비스'라는 겁니다. 서비스 혜택으로는, 첫째 지금 가입하면 인하폭이 ○○%인 경우, ○○세 남자의 경우에 1억 원 보장시 ○○원에서 변경 전까지 매달 ○○원 할인되는 효과가 있습니다. 둘째, 변경시점에 진단보험금 초과로 진단에 시간이 걸리더라도 진단절차 없이 개정상품으로 교환해드리는 혜택을 볼 수 있습니다. 앞으로 ○개월 후를 생각하신다면 고객님 건강도 이상 없어야 합니다. 셋째, 변경 시점인 ○월이면 고객님의 보험 연령이 한 살 많아져서 오히려 보험료가 인상됩니다.

보험기간이 너무 길다

아무래도 만기까지 갈 수 없을 것 같다. 납입기간이 길어 지루하다.

Selling Point

지금 마음속에서 '가입할까 말까' 망설이는 중이다. 가입하자니 보험료 납입기간이 너무 길어 지루할 것 같다는 생각이 구매 욕구를 막고 있다. 가입해도 불안감이 생기지 않게 확실하게 믿음을 심어주는 것이 중요하다.

재치화법 Action Planning

- '시작이 반'이라는 말이 있듯이 일단 가입하면 만기는 바로 다가옵니다.
- (웃으면서) 아이 참, ㅇㅇ님도 임신하기 전에 아이 날 걱정하듯이, 가입도 하기 전에 만기 걱정을 하세요?
- 마라톤 달리기도 맨 처음 할 때는 부담되고 커다란 용기가 필요하지만 골인 지점에 다다랐을 때의 기분은 이루 말할 수 없을 만큼 크다고 합니다. 보험은 이보다 더한 기쁨을 선사할 겁니다.

- 한 치 앞도 못 본다는 말처럼 지금 한순간의 고통을 없애기 위해서 혹시라도 중도에 보험을 해약할까봐 걱정되어 가입을 망설이는 것은 안정된 미래를 위한 준비를 포기하는 것과 같습니다.
- 보험은 기적을 창출합니다. 이 청약서에 사인하는 순간 남들이 일생 모으기 힘든 재산을 일순간에 보장하기 때문입니다.
- ㅇㅇ님께서 이 보험에 가입하시고 나면 항상 가족에게 또한 ㅇㅇ님 자신에게 자랑스러울 겁니다. 그리고 보험금이 지급되는 날에는 진정으로 가족에게 존경받을 겁니다.

설득화법 Action Planning

■ 건강생활보장 화법

물론 보험은 계속 유지하지 않으면 아무런 도움도 안 됩니다. ㅇㅇ님의 건강상태가 계속되면 그다지 걱정할 필요가 없습니다. 혹시 보험료를 계속 불입하지 못할 염려가 생긴다면 그것은 병이나 부상으로 일할 수 없게 되는 경우겠지요. 그러나 그런 것에 대비해 제가 다양한 보장특약을 부가하여 설계했습니다.

■ 계약자 대출 화법

그럴 리야 없겠지만 ㅇㅇ님께 사정이 생겨 불입할 수 없을 경우에는 그동안 불입한 총보험료 안에서 계약자 대출을 해주므로 이 제도를 적절히 활용하시면 됩니다. 제 계약자 가운데 많은 분이 이 제도를 유용하게 활용하고 있습니다.

■ 생각나름 화법

보험기간이 너무 길어 걱정하는 것도 이해합니다. 그런데 ○○님! 전기료나 수도료는 평생 내도 지루하다고 생각하지 않으시지요? 이렇게 써서 없애는 것도 일생 내는데 보장자산 마련을 위한 준비로 보험료를 내고, 게다가 무사히 만기가 되면 그동안 납입한 보험료를 되돌려받으니 보험은 기간이 별로 문제되지 않습니다. 생각하기 나름입니다.

■ 세 번 후회 화법

보험계약자는 보험에 가입하고 나서 세 번 후회한다고 합니다. 첫 번째는 '과연 끝까지 납입할 수 있을까?' 하는 것이고, 두 번째는 납입 중간쯤에 가서 '더 일찍 가입했더라면 벌써 끝났을 텐데……' 하는 것이고, 세 번째는 만기가 되어 보험금을 탈 때 '더 큰 것으로 할 걸……'이라며 후회하는 것입니다.

■ 만사 불여튼튼 화법

○○님께서는 이 계획을 중도에 포기해야 할 때 손해 보는 문제 때문에 망설이시는군요. 그러나 내일 어떤 일이 일어날지 아무도 모릅니다. 그렇기 때문에 이 보험이 꼭 필요한 겁니다. 왜냐하면 이 ○○보험은 세 가지 문제, 즉 오래 사는 경우, 도중에 사망하는 경우, 도중에 해약하는 경우의 모든 경우에 대비할 수 있는 상품이기 때문입니다.

○○님께서 건강하게 살거나 불의의 사고를 당할 경우에도 보험금을 탈 수 있습니다. 또 어쩔 수 없는 일이 생겨서 도중에 그만두는 경우에도 그때까지 보장받을 거고 해약하는 시점에 따라서는 손해를 안 볼 수도 있습니다. 실제로 손해 보는 경우는 보험에 가입하지 않을 경우뿐입니다. 그러므로 이 보험은 꼭 필요합니다. ○○님! 만일의 경우가 발생한다면 ○○님과 자녀는 어찌 돼도 좋습니까?

혼자 결정하기 어렵다

아내와 상의해보겠다. 남편과 상의한 후에. 남편이 알아서 할 거다.

Selling Point

가족에 대한 가장의 책임은 가장이 사망한 후에도 지속됨을 인식시키면서 가족의 생활보장이나 자녀교육 책임은 가장에게 있음을 강조한다. 고객이 가족을 사랑하는 마음이 강하면 계약은 체결된다는 확신을 갖고 가입을 기정사실로 받아들여 대화를 이끈다.

재치화법 Action Planning

- ○○님께서 싫어한다고 하여 장래 준비를 주저하신다면 어느 누가 ○○님 가정의 행복을 지켜주겠습니까? 혹시 ○○님께 마음에 걸리는 문제(일)라도 있습니까?
- ○○님 몸값 정도라면 안전판으로 반드시 몸에 무언가 걸치고 있어야 합니다.
- 매월 ○○만 원 정도 내시면 평생 보장자산이 ○억 원 마련됩니다. 아빠로서, 가장으로서 자랑스러운 일을 해보시지요.

- 가장은 가족의 생계를 책임지는 수입원입니다. 가장에게 무슨 일이 발생하면 남은 가족의 생계는 누가 책임집니까? ○○님께서 사랑하는 가족을 위해 선택하셔야 합니다.
- 가장으로서 가족의 소득을 영원히 지켜줄 수만 있다면 그 책임은 다하는 겁니다.
- 부인(남편)께서 싫어한다고 해서 장래 준비를 주저한다면 어느 누가 ○○님 가정의 행복을 지켜주겠습니까?
- 남편에게 무슨 일이 생겨 몇 달 동안 월급을 못 가져다줄 경우에도 가정살림이 힘들 텐데 만약 평생 월급을 못 가져다준다면 가정생활은 어떻게 될지 생각해보셨나요?

설득화법 Action Planning

■ 결단 필요 화법

○○님과 상의하겠다는 말씀은 매사에 신중함을 보여주는 것인데, 일에는 신중해야 할 일과 결단이 필요한 일이 있다고 생각해요! ○○님께서 불의의 사고를 당할 때 ○○님과 상의해서 당하는 것은 아니잖아요? 이 보험은 ○○님이 가정의 기둥으로서 부인과 자녀들에 대해 지고 있는 경제적 책임을 다하기 위한 것이므로 오히려 책임자인 남편이 스스로 결단해야 할 문제입니다.

■ 선 결정화법

ㅇㅇ님께서 결정하시고, 가입할 여건이 충분히 된다고 남편(아내)을 안심시키세요. 아마도 배우자께서는 ㅇㅇ님께 모든 것을 일임하실 겁니다. 되도록 빨리 결정하셔서 행복한 미래를 보장받기 바랍니다.

■ 직접설명 화법

가능하면 ㅇㅇ님께도 이 재무플랜의 내용을 설명드리고 싶습니다. ㅇㅇ님께도 이 상품의 내용을 충분히 설명하여 이해한 뒤라야 두 분의 의논이 가능하리라 생각합니다. 괜찮다면 제가 직접 ㅇㅇ님께 설명하고 싶습니다.

■ 자녀 생활보장 화법

ㅇㅇ님과 상의해보시겠다는 마음을 잘 알겠습니다. 마음에 걸리는 한 가지는 자녀분을 잊으신 것 같습니다. 자녀들은 자신의 일을 아직 스스로 결정할 수 없습니다. 모든 결정을 아빠에게 맡기게 될 겁니다. ㅇㅇ님께서 어떤 결정을 할지 모르겠습니다만 지금까지 보험컨설턴트로서 일해온 경험에 비추어보면 자녀를 위한 생활보장에 대해 ㅇㅇ님께서 반대하는 경우는 없었습니다. 그렇지 않겠습니까?

■ 선물 구입 화법

물론 ㅇㅇ님 처지는 잘 알겠습니다. 그러나 지금 가입하려는 이 보험은 만일의 경우를 대비하여 ㅇㅇ님께서 사랑하는 △△님과 자녀에게 행복한 미래를 선물하시는 것과 마찬가지입니다. ○○님께서 가족에게 선물을 주실 때 미리 상의하지는 않으실 겁니다. 결정할 수 있는 분은 바로 ○○님입니다. 지금까지 일해온 제 경험에 비추어보면 △△님도 반대하지 않으실 겁니다.

■ 애정 선물 화법

이 보험은 ○○님이 사모님께 보내는 애정의 선물이라고 할 수 있습니다. 선물하는 것이라면 상담하지 않아도 괜찮지 않겠습니까? 또 상담하셔도 부인 입장에서는 아무리 부부 사이라고 해도 자기 입으로 '당신에게 만일의 경우가 생기면 곤란하니까 꼭 가입하세요'라고는 말씀하기 어려울 겁니다. 상담하지 않고 '가입했어'라고 말씀하는 편이 부부간의 애정을 더욱 돈독하게 해줄 거라고 생각합니다. 사모님께 보험증권을 선물해보세요. 틀림없이 ○○님의 깊은 배려에 기뻐할 겁니다. 물론 선물은 몰래 준비하는 게 좋겠지요.

■ 맞장구 화법

대뜸 좋아할 아내는 없습니다. 물론 사모님과도 상의해야 합니다. 제가 만난 많은 고객이 그런 말씀을 하시죠. 그렇지만 ○○님께서 집으로 돌아가셔서 사모님께 "생명을 담보로 해서 죽으면 당신이 몇억 원 보험금을 받게 해놓으면 어떻겠소?"라고 말씀하신다면 사모님께선 아주 기뻐하면서 가입하라고 하시겠습니까? 아마 몇억 원이 아니라 몇십억 원이라 할지라도 ○○님께서는 그렇게는 하지 못하실 겁니다. 즉 사모님으로서는 보장이 필요하지만 선뜻 가입하라고 이야기하기는 어렵다는 뜻이지요. 설령 그런 이야기를 듣는다면 ㅇㅇ님의 마음도 편하지는 않겠지요. 이것은 전적으로 가장이 스스로 결정해야 하는 상황입니다. ㅇㅇ님께서는 가족의 생활안정을 위한 보장자산이 필요하다는 사실에는 동의하시죠? 여기에 서명하면 바로 보장이 시작되는 겁니다.

■ 가장 결정 화법

네, 물론 사모님과 상의하시겠다는 ㅇㅇ님의 마음은 잘 알겠습니다. 하지만 사모님께서는 ㅇㅇ님의 건강한 모습만 생각하실 겁니다. 아마도 불행한 경우는 생각조차 하기 싫으실 겁니다. 또 일정 소득이 없어질 경우에는 어떻게 가정살림을 꾸려갈지 대처 방안도 신중하게 생각해보신 적이 없을 겁니다. ㅇㅇ님의 생명과 보험금을 맞바꾼다는 사실이 싫으셔서 틀림없이 반대하실 겁니다.

단지 마음에 걸리는 건 △△(자녀 이름 명시)입니다. △△는 아직 자기 스스로 이러한 일을 결정할 수 없습니다. 그래서 모든 결정을 아빠인 ㅇㅇ님께 맡겨놓은 상태이죠. 만약 두 분만의 의견으로 보장을 안 받겠다고 결정하신다면 훗날 △△에게 만약의 경우가 발생했을 때 그때 아빠가 한 결정을 △△는 과연 잘했다고 생각할까요.

또 △△가 만약 의사결정을 할 수 있다면 지금 아빠에게 가정의 미래 생활 안정을 위해서 아무런 보장 대책이 없다는 것에 자신의 앞날이 불안하다고 느끼지 않을까요? 그리고 이와 같은 모든 것을 ㅇㅇ님께서 책임지면서 결정은 사모님이 하도록 하는 것은 이상하다고 생각하지 않으십니까? ○○님이야말로 가장으로서 결정할 자격을 충분히 갖춘 분입니다.

■ 배우자 이해유도 화법

설령 처음에는 반대할지 몰라도 세월이 지나면서 결국 좋은 생각이라고 흐뭇해하실 겁니다. 반대를 무릅쓰고라도 사랑하는 △△와 아내를 위하는 마음, 가정의 불행에 대비하여 안전책을 마련했다는 ○○님의 넓은 마음에 사모님께서도 깊은 사랑을 느끼실 겁니다. 왜냐하면 이 보장플랜은 근본적으로 ○○님의 가족을 위한 인생 계획임을 이해할 것이기 때문입니다. 이제 가장으로서 보장이 필요하다고 느끼셨다면 여기에 서명하십시오. 바로 그 시점부터 ○○님의 가족을 위한 안전보장이 시작되는 겁니다.

리크루팅시 거절처리화법

리크루팅 핵심 타깃에 대한 정보를 수집하고 난 다음 방문하여
보험회사에 다녀보라고 권유하면 아직도 많은 대상자가 거절한다.
대상자가 거절할 때는 관련되는 응대화법을 유효적절하게 활용해 거절을
바로 처리하여 분위기를 전환하는 테크닉이 중요하다.

자신감 부족으로 말미암은 거절응대화법

■ 영업은 도저히 자신이 없다

영업은 도저히 자신 없다. 어려워서 못하겠다. 영업은 관심 없다.
직장생활 경험이 없다. 사회활동 경험이 없다. 적성(체질)에 맞지 않는다.

Coaching Point

보험컨설턴트가 30여 만 명(생 · 손보, 대리점 포함)이나 된다는 것과 누구나 할 수 있는 최고로 좋은 전문 자유직업이라는 사실을 자신과 주변의 사례를 들면서 적성과는 무관하다는 점을 피부에 와닿게 설명한다.

재치화법 Action Planning

- 평소 자녀에게는 자신 있게 살라고 말씀하지 않습니까? 자신이 없다는 선입관을 버려야 합니다. 저희 회사 교육시스템은 누구나 자신감을 갖고 일할 수 있게 도와줍니다.
- 집에서 애들이 "나 이것 못해요" 할 때 그냥 내버려두세요? 한번 용

기를 내보세요. 틀림없이 잘할 거예요.

- 저도 처음에는 그런 마음으로 망설였으나 지금은 잘하고 있습니다. 해보지도 않고 포기하는 것은 정말 어리석은 일 아닐까요?
- 경험이 있느냐 없느냐보다 더 중요한 것은 ○○님의 마음가짐입니다. 하겠다고 마음만 먹으면 그런 것은 하등 문제되지 않습니다.
- 누구나 사회생활을 맨 처음 할 때는 경험 없이 출발합니다. 더구나 ○○님은 새내기 사원보다는 인생경험이 풍부하지 않습니까?
- 걱정 마세요! 저도 하는 일인데 ○○님같이 훌륭한 분은 더 잘하실 거예요. 제가 장담합니다.

설득화법 Action Planning

■ 전문교육 화법

그 점이라면 염려하지 마세요. ○○님께서 활동하기 전에 자신감을 가질 수 있게 입사 때부터 지속적으로 각종 교육을 해주는데, 특히 저희 회사의 교육제도는 완벽한 것으로 정평이 나 있습니다. '세일즈맨은 태어나는 것이 아니라 만들어진다'는 말도 있잖아요? ○○님께서 저희 회사에 입사하셔서 전문교육을 받으면 틀림없이 훌륭한 FC로 성장할 거예요.

■ 최고직업 화법

보험컨설턴트는 다음과 같은 점 때문에 최고의 직업으로 평가받습니다. 첫째, 시간표가 없는 직업으로 자율성이 최대한 보장됩니다. 둘째, 나 자신을 위해 일하고 내가 곧 보스인 직업입니다. 셋째, 끊임없이 새로운 도전을 제공하는 직업입니다. 넷째, 건전한 경쟁분위기에서 내가 무언가 기여하는 느낌을 주는 직업입니다. 다섯째, 호감 가는 사람들과 알고 지낼 수 있는 직업입니다. 여섯째, 자신의 능력을 한껏 떨칠 수 있는 전문직업입니다.

■ 맨 처음 화법

보험판매뿐만 아니라 어떤 일이든 처음 시작하는 일에는 누구나 약간 두려움을 느낍니다. 맨 처음부터 세일즈를 할 줄 아는 사람은 아무도 없습니다. 신인이 들어왔을 때 '이 사람은 타고난 세일즈맨이구나' 하는 사람이 기대에 못 미친다든지, '과연 저 사람이 판매를 잘할까?' 하던 사람이 의외로 훌륭한 성적을 거두는 경우가 많습니다.

■ 성실 최고 화법

보험세일즈를 예상 밖으로 잘 못하는 사람을 분석하면 공통점이 하나 있습니다. 회사에서 지도하는 대로 성실하게 임하지 않았다는 점입니다. 보험세일즈가 어렵기 때문에 실패하는 것이 아닙니다. 보통 사람이라면 누구나 할 수 있습니다. 성공하느냐, 못하느냐는 '회사에서 인도하는 대로 성실하게 하느냐'에 달려 있습니다.

■ 저도 화법

처음부터 자신 있는 사람은 없습니다. 처음으로 직장에 나가는 경우에는 모두 마찬가지예요. 저도 처음엔 무척 불안했거든요. 하지만 팀(지점)장님이나 선배들이 따뜻하게 지도해줘서 조금씩 자신감이 생겼고 지금 이렇게 ㅇㅇ님과 대화할 수 있을 정도로 발전한 겁니다.

■ 말주변도 없고 부끄럼이 많다

내성적이다. 남 앞에 나서서 잘 이야기하지 못한다.

Coaching Point

말을 잘 못하고 내성적인 사람도 FC가 되면 조리 있고 설득력 있게 잘 말할 수 있음을 실례를 들어 설명한다. 내성적이고 부끄러움을 잘 타는 사람들이 의외로 인내가 강하고 잘한다는 점을 예시하며 설명하면 효과적이다

재치화법 Action Planning

- 저를 보세요. 저도 맨 처음 보험회사에 들어올 때는 ㅇㅇ님보다 더 했어요. 그런데 이렇게 사회활동하면서 많은 사람과 만나다보니 나도 모르게 조리있게 말하는 법을 알게 되더라고요.
- 보험컨설턴트는 말을 파는 것이 아니라 상품의 가치와 신용, 인격을 판매하는 직업입니다. 말을 잘 못하더라도 성실한 자세로 고객

을 대하면 오히려 신뢰를 얻을 수 있습니다.

- 고객이 좋아하는 FC는 말을 잘하고 유들유들한 유형이 아니라 진지하게 고객의 이야기를 잘 들어주는 사람입니다.
- 보험컨설팅은 언변이 아니라 진솔한 설득으로 승부합니다. 그래야 성장 가능성도 높고요. 교육이나 훈련을 통하여 고객설득 기술은 얼마든지 향상됩니다.
- 말로 상품을 파는 시대는 지났습니다. 30%만 말하고 70%는 고객의 말을 경청하는 것이 세일즈 비결이랍니다. 저도 아직 낯선 사람을 대하면 머뭇거리는걸요.

설득화법 Action Planning

■ 선행후언 화법

처음 입사하는 사람들은 대부분 ○○님처럼 걱정하지만 입사한 후에는 그런 분들이 더욱 적극적으로 활동하는 경우가 많습니다. 고객은 ○○님처럼 말에 책임을 질 줄 아는 분을 원하기 때문이죠. 말주변이 크게 좌우하는 것은 아닙니다. 청산유수처럼 말 잘하는 사람이 보험을 권유한다면 ○○님은 서슴지 않고 가입하시겠어요? 중요한 것은 어떻게 고객에게 신뢰를 심어주는가 하는 겁니다.

■ 성실성 최우선 화법

말 잘한다고 보험 들어주는 사람은 없어요. 얼마나 성실하게 열심히 활동하고, 고객을 생각하느냐가 중요하죠. 말을 잘하는 것보다 진실성 있는 표현이 더 중요합니다. 진정성이 담긴 성실한 태도는 백 마디 말보다 효과적이니까요. 배운 대로만 실천하면 됩니다. 어려운 상황에서는 언제든지 팀장님이 동행해서 도와줍니다.

■ 참한 성격 성공 화법

○○님! 걱정하지 마세요. 내성적이라고 FC로서 활동 못하는 것은 아닙니다. 어느 분야나 세일즈에서 성공하는 분들을 보면 모두 성격이 참합니다. 그리고 대개 처음에는 ○○님처럼 내성적인 분이 많습니다. 오히려 ○○님의 내성적 성격이 고객의 눈에는 믿음직스럽게 보여 더욱 강하게 설득됩니다. 이 기회에 당당한 나 자신을 한 번 찾아보세요.

■ 신용 화법

보험상품은 말로 파는 것이 아니라 신용으로 파는 겁니다. 고객을 보자마자 거침없이 상품설명을 한다면 보험에 가입하고 싶은 마음이 생기기보다 오히려 거부감이 느껴질 겁니다. 비록 말주변은 없지만 친절하고 성실한 태도로 이야기하면 오히려 호감을 사게 되죠. 그렇기 때문에 ○○님같이 말을 유창하게 하지는 못하지만 성실한 분이 판매도 잘하고 수입도 많습니다.

■ 아는 사람도(이) 없다

계약할 사람이 없다. 연고가 없다. 주위 사람들이 모두 보험에 가입했다.
무척 힘들다는데 건수도 못 올릴 것 같다.
대부분 보험에 가입했을 텐데 지금 시작해봤자…….

Coaching Point

타지에서 왔거나 대인관계의 탑을 제대로 쌓지 않은 내성적 성격이다. 사회활동을 할 의사는 있는데 실천이 동반되지 못하므로 강하게 동기부여를 하면서 고객발굴방법을 교육을 통해 자세히 제시한다는 점을 강조한다.

재치화법 Action Planning

- ○○님이 현재 아는 사람들은 거의 자연연고라 도움이 안 됩니다. 새로운 고객을 만나 비즈니스 연고로 만들어야 하는 거랍니다.
- ○○님이 연고가 없다니 겸손의 말씀입니다. 그 점은 조금도 염려할 것 없습니다. 저희 회사에서는 신인들이 열심히 활동할 시스템을 항상 마련해놓고 있으니까요.
- 실제 활동해보면 자연히 한두 명씩 알게 되어 점차 많은 사람을 알 수 있죠. 제 고객 중 90% 이상이 안면이 없는 분들입니다.
- 저희 회사에 입사하면 고객발굴과 판매방법을 자세히 교육해주므로 조금도 걱정할 필요가 없습니다.

- 처음부터 아는 사람은 혈연관계밖에 없습니다. 개척과 소개활동을 통해 서서히 아는 사람을 만들어가면 됩니다. 그런 모든 과정은 교육으로 철저하게 가르쳐드립니다.
- 연고가 많다고 성공하는 것은 결코 아닙니다. 연고판매는 몇 달 가지 않아 끝나고 일에 대한 흥미나 자신감도 잃게 됩니다. 그런 일이라면 우리도 권하지 않습니다.
- 이 일의 장점은 새로운 친구를 많이 만들 수 있다는 점입니다. 저도 친구를 아주 많이 사귀었어요. 이렇게 ㅇㅇ님과 이야기하다보니 벌써 친한 사이 같잖아요, 그렇지요?

설득화법 Action Planning

■ 비즈니스 연고확보 화법

현재 ㅇㅇ님이 알고 있는 자연연고는 실질적으로 영업에 도움 되는 비즈니스 연고로 만드는 데에는 큰 도움이 되지 못합니다. 새로운 마음으로 내 고객을 창출해야 하죠. 즉 많은 사람을 알고 입사하는 것과 아는 사람이 별로 없이 입사하는 것은 그리 큰 차이가 아닙니다. 중요한 것은 ㅇㅇ님의 각오와 열정, 진정성입니다. 비즈니스 연고를 확보하는 방법을 저희 회사에서는 별도 교육으로 가르쳐드립니다.

■ 소개유도 화법

아는 사람은 체면 때문에 가입하는 경우가 있어 도중에 해약하는 경우가 많아요. 그러면 회사도 계약자도 손해죠. 모르는 사람한테는 정말 그 사람이 원하는 상품을 권유하여 판매하기 때문에 끝까지 잘 유지되어 소개도 해주고 재계약도 하게 되죠.

■ 소개고객발굴 화법

누구나 교제의 폭이 그다지 넓지 않기 때문에 지인이나 연고자에게만 의존하면 몇 개월 후엔 찾아갈 곳이 없게 됩니다. 아는 사람이 없어도 충분히 소득을 올릴 수 있게 하기 위해서 소개 확보 등 새로운 고객을 발굴하는 방법을 다양한 교육시스템을 통해 가르쳐드립니다.

■ 협력자 통한 소개확보 화법

몇 년 동안 꾸준히 활동하는 베테랑들이 계속해서 보험영업을 잘할 수 있는 비결은 누군가가 계약을 소개해주거나 새로운 소개자가 끊임없이 자동으로 등장하는 것입니다. 처음에는 친척이나 친구 등 안면으로 협력자를 만들지만 시간이 지남에 따라 기존 계약자를 협력자로 만들 수 있습니다. 꾸준히 성실하게 노력하면 협력자를 만들어 어느새 어디선지 모르게 매월 소개계약이 샘솟듯 나옵니다. 교육받을 때 소개마케팅 방법을 자세히 알려줄 겁니다.

■ 기쁨 두 배 화법

친척이나 아는 사람이 많으면 쉽게 의지하는 마음이 생겨서 일을 하지 못하게 됩니다. 처음부터 알지 못하는 사람을 접한다는 것이 불안하지만 친해졌을 때 기쁨은 뭐라 말할 수 없을 정도입니다. 사람을 만나면 만날수록 배울 점도 많고 공부도 돼서 저 자신이 대견하다는 생각이 듭니다. 물론 일할 장소를 회사가 준비해주므로 어디에서 일을 시작할지 걱정할 필요는 없습니다.

■ 하기 나름 화법

솔직히 몇 달 다니다가 그만두는 FC가 매우 많아요. 물론 남에게 보험상품 판매하기가 쉽지 않겠죠. 그러나 ○○님, 1년 이상 다닌 FC들의 퇴직률은 얼마 안 된답니다. 완전히 자리 잡고 소득도 많기 때문이죠. 세상에 쉬운 일이 어디 있나요. 아기가 걸음마를 배우듯 보험컨설턴트도 방법을 익히면 그리 어렵지 않습니다. 본인이 하기 나름이죠.

■ 몸이 약해서 못한다

건강이 안 좋다. 몸이 허약하다.

Coaching Point

일을 하면 더 약해지고 아플 것이라고 지레짐작한다. 규칙적으로 활동하다보면 저절로 건강해짐을 자신과 주위의 경험담을 토대로 입증한다.

재치화법 Action Planning

• 저희 FC 가운데 일부러 운동 삼아 활동하는 분도 계십니다. 매일

고객을 만나러 다니므로 걷기 운동을 많이 하기 때문에 건강 유지는 저절로 됩니다.

- 매일 많은 사람과 담소하며 즐겁게 일하다보면 병은 저절로 잊게 됩니다. 일부러 돈 내고 운동하는 사람도 많은데 활동하시면 일거양득 아닙니까? 규칙적인 걷기 운동은 건강유지뿐만 아니라 미용에도 매우 좋답니다.
- 긍정적으로 마음먹으면 뇌에서는 알파파가 나오고 부교감신경에서 엔도르핀이 나와 건강해진다고 합니다.
- ○○님, 제가 보기에는 매우 건강한데요. 참! ○일 우리 지점 단합대회가 있는데 댁에 계시지만 말고 바람 쐴 겸 오세요. 제가 모시러 올게요. 괜찮죠?

설득화법 Action Planning

■ 무력감 해방 화법

건강은 정신적 이유와 밀접한 관계라고 합니다. 주변에서 ○○님과 같이 자녀양육에서 해방된 후 그 후유증으로 정신적 무력감에 빠지는 분들을 본 적이 있습니다. ○○님, 지금의 무력감을 떨치고 일어나 활력 넘치는 멋진 제2의 인생을 시작하세요.

■ 최고의 힐링 화법

최고로 효과 높은 건강 유지방법이 무언지 아세요? 바로 걷기 운동이

랍니다. 지난번 뉴스에 나왔는데 걷기 운동보다 건강과 미용에 더 좋은 운동은 없다고 합니다. 자주 걸으면 다리와 허리가 튼튼해지고 호르몬 작용도 활발해져 미용과 건강에 플러스로 작용하기 때문이지요. 돈 내고도 헬스클럽에 다니는데 FC로 활동하면 자동으로 운동되어 활력을 찾게 됩니다. 보험영업은 그야말로 몸과 마음 모두 건강하게 해주는 최고의 힐링 직업입니다.

■ 약골치료 화법

우리 같은 FC들은 날마다 걸어다녀 힘들 것 같죠? 저도 입사 전에는 ○○님과 같이 약골이었어요. 그런데 활동하다보니 저도 모르는 사이에 이렇게 건강해졌어요. 제 몸매 어때요? ○○학교 다니는 애들 엄마치곤 날씬하지 않아요? 이게 다 활동하고 다닌 덕분이에요. 얼마나 좋아요. ○○님, 건강도 찾고 소득도 많이 올리고 친구도 사귀고…….

■ 금상첨화 화법

어느 여자대학의 조사에 따르면 많은 주부가 두통, 변비, 소화불량, 신경쇠약 등으로 고생하고 있다고 합니다. 이런 질병은 대부분 집 안에서 편히 지내며 운동하지 않기 때문에 생기는 겁니다. 일부러 시간 내서 운동한다는 것도 쉬운 일이 아니지요.

저희 회사에 나오셔서 활동하신다면 돈을 내고 헬스클럽에 나가지 않아도 건강해질 수 있습니다. 활동하는 가운데 저절로 운동이 되기 때문입니다. 또 수입도 많이 생기고 사회활동도 하니 일석삼조이죠.

가정환경으로 말미암은 거절응대화법

■ **남편이 반대한다**

남편이 못 다니게 한다. 아이들이 반대한다.

Coaching Point

맞벌이 부부가 시대의 요청이다보니 가족의 반대는 많이 줄었는데, 핵가족화에 따라 자녀문제로 사회활동에 우려를 표하는 경우다. 여성의 사회 진출에 대한 패러다임 시프트를 적극 부각하는 것이 중요하다.

재치화법 Action Planning

- 요즈음은 반대하는 남편들이 그리 많지 않습니다. 오히려 적극 권유하죠. 이 직업처럼 전문가로 인정받으면서 단기간에 고소득을 올리는 전문 자유직업은 없기 때문이죠.
- 아마 ㅇㅇ님이 사회활동 못하신다고 지레짐작하는 건지도 모르죠.

이 기회에 한번 능력을 발휘해보세요. 그럼 매우 대견하게 생각하실 거예요.

- 가정사에 소홀히 할까봐 그러시는데, 다 ○○님 하기 나름이에요. 집에 있을 때보다 더 열심히 가정을 돌보면 나중에는 반대는커녕 오히려 좋은 협력자가 되어주실 겁니다.

설득화법 Action Planning

■ 라이프 디자인 화법

혹시 남편께서 보험세일즈는 연고나 안면을 통해 억지로 판매한다는 편견이 있는 것은 아닌지요? 보험영업은 고객 개개인의 인생 4L을 토대로 철저하게 재무분석을 한 뒤 그에 맞춰 생활안정 자산 마련 방법을 제시하는 재정안정 컨설팅입니다. ○○님에게 맞는 최적의 라이프 디자인을 설계한 이 재무플랜을 꼭 한번 보여주십시오. 반드시 이해하고 협조해주실 겁니다.

■ 능력발휘 화법

○○님이 참 부럽습니다. 남편의 애정이 그만큼 크다는 증거 아닙니까? 그렇지만 잘 설득해보세요. 여성의 사회 진출은 당연시되는 시대적 요청이고 남편 혼자 벌어서는 내 집 마련이나 자녀교육, 문화생활 등의 품위유지가 쉽지 않아요. 특히 ○○님의 인생은 스스로 소중히 해야 합니다. 남편도 내색은 하지 않지만 꼭 찬성하실 겁니다.

■ 내 인생 화법

주부가 직장생활을 하는 이유는 경제문제 해결이 제일 크지만 두 번째는 자아실현입니다. 여성도 자기계발을 해야만 가족에게 대접받을 수 있다는 이야기죠. 남편이 다니지 말라고 무작정 다니지 않는다는 것은 좀 곤란하지 않을까요? 내 인생은 나의 겁니다. 어느 누구도 대신 살아줄 수 없습니다. 사회생활은 ○○님의 인생을 더욱 가치있게 해주는 윤활유가 되어줍니다.

■ 일석이조 화법

30대 이후 부부의 70% 이상이 가정에서 대화의 단절 속에서 생활한다는 통계를 보고 깜짝 놀랐습니다. 서로 이해없이 생활하기 때문이지요. ○○님께서 활동하시면 사회생활에서 겪는 남편의 애환을 이해하게 되어 금실이 더욱 두터워질 뿐만 아니라 높은 수입도 얻을 수 있어 일석이조가 됩니다.

■ 효율적인 시간투자 화법

이젠 누구나 맞벌이하는 것을 당연하게 여깁니다. 머지않아 자녀들이 성장하면 애들은 자기들의 세계를 만들어 ○○님 품에서 떠날 것이며 남편께서도 활동범위나 시간이 더 늘어날 텐데 그때를 한번 생각해보셨나요? 홀로 있는 남은 시간을 어디에 쓰시렵니까? ○○님만을 위한 효율적인 일에 투자해야 하지 않을까요?

■ 경제력이 충분하다

남편 수입으로도 충분히 생활하고 있다. 활동할 필요가 없다. 잘산다.

현재에 만족한다. 집안이 넉넉해 활동할 필요가 없다.

Coaching Point

남편의 사회적 지위에 맞도록 본인도 사회생활을 폭넓게 하여 자아실현 욕구를 찾게 설득한다. 만일의 사태(남편 사고, 유고, 직장퇴직 등)에 대비하기 위해 여성이 경제 능력이 있어야 함도 강조한다.

재치화법 Action Planning

- 경제적 여유가 있다면 더욱 잘됐네요. 수입에 구애받지 않고 나오셔서 친구도 사귀고 사회경험도 할 수 있으니까요.
- 경제력이 충분하다고 행복한 것은 아닙니다. 스스로 일하면서 얻는 즐거움은 남편의 수입으로도 해결하지 못합니다. 또 사회활동하면서 새로운 친구들을 사귀어보는 것도 삶에 엔도르핀이 되고요.
- ○○님, 많은 FC가 모두 돈만을 위해 일하진 않습니다. 자기 가치와 목표를 향해 활동의 터전을 넓혀가면서 그곳에서 큰 보람을 느끼고 있습니다.
- 사람이 어디 경제적인 면만 고려하여 생활할 수 있습니까? 무엇인가 보람을 찾고 자기계발을 위해 일할 기회를 가져야지요.

설득화법 Action Planning

■ 문화생활 화법

저희 회사 FC들의 한 달 평균소득은 500만 원이 훨씬 넘습니다. 대기업 간부 이상의 월급이죠. 제 소득은 이 정도입니다(자기 급여명세서 제시). 요즈음 새로 입사하는 분 중에는 ㅇㅇ님처럼 매력이 넘치고 생활수준이 높은 분이 많습니다. 생활의 여유가 있으면서도 좀 더 나은 로하스적인 자기만의 생활을 원하기 때문에 결심하시는 거죠.

■ 즐거운 인생 화법

여유 있다는 것과 일한다는 것은 전혀 별개 문제입니다. 일 자체에서 느끼는 즐거움은 금전적으로 계산할 수 없죠. 돈 때문이 아니라 활동하면 건강도 좋아지고 또 많은 사람을 만나므로 생활이 단조롭지 않고 즐거워지죠. 인생을 즐기려고 다니는 분들이에요. 여기에서 일하는 즐거움을 함께 느껴보세요. ㅇㅇ님과 같이 생활하시면서 다니는 분들도 많아요.

■ 재무분석 화법

ㅇㅇ님 댁의 재무플랜을 보면 앞으로 자금이 많이 필요해짐을 아실 겁니다. 현재 약간 여유가 있다고 안심할 수 없습니다. 남편에게 모두 미루지 마시고 '백지장도 맞들면 낫다'는 말처럼 활동해보세요. 훨씬 그 기간이 단축될 겁니다.

■ 커리어우먼(알파우먼) 화법

여성도 가정에 안주하지 말고 사회활동을 하면서 자기계발을 해야 합니다. 매스컴 보셨죠? 자식 뒷바라지하고 중년에 접어든 부부가 갈등을 더 많이 일으킵니다. 남편은 사회생활하면서 수많은 직장여성을 대하기 때문에 자기 부인도 그런 여성들처럼 깨어 있는 여성이라고 생각하죠. 견문지식을 쌓아 부부간 대화의 폭을 넓혀야 더 건전한 가정을 꾸릴 수 있답니다.

■ **시간이 없고 집안일이 많다**

가정에 소홀해진다.

Coaching Point

일하고 싶다는 욕망은 강하지만 가정살림 또한 잘해야 한다는 완벽주의자가 많다. 보험 영업은 가정과 직장을 양립할 수 있는 상생의 직업임을 실례로 들면서 자녀교육 요령과 함께 자기책임시대, 자기만의 시간과 생활을 가지는 것도 중요함을 설득한다.

재치화법 Action Planning

- ㅇㅇ님, 한평생 이렇게 사실 거예요? ㅇㅇ님만의 시간을 가져보세요. 남편이나 자식들도 다 자기 일과시간이 있는데 ㅇㅇ님만 가정

사에 매달린다면 나중에 누가 보상해줍니까?

- 언제까지 바보상자(TV)와 친구로 지내시렵니까? 결혼 전 꿈은 무엇이었습니까?
- 매사 열정적으로 임하시는 ○○님을 뵙게 되어 참 기쁩니다. 보험영업은 알뜰하고 부지런하고 열정적인 ○○님 같은 분께 가장 적합한 직업입니다.
- 자녀들에게도 독립심을 심어줘야 합니다. 세상사를 모르는 엄마보다 여러 가지로 화제가 풍부한 엄마가 매력적이지 않을까요?
- 저는 매일 아침 일어날 때마다 제가 해야 할 일이 있다는 생각에 설레곤 합니다. 이런 기대감을 ○○님께서도 날마다 맛볼 수 있을 겁니다.
- ○○님, 다달이 월급봉투가 하나 더 들어온다고 생각해보십시오. 생각만 해도 흐뭇하지 않습니까? 그리고 ○○님의 가정이 얼마나 풍요로워질까요?
- 이제까지 가정에만 계셨기 때문에 그저 주부로만 평가받으셨는데 이 기회에 제2의 능력을 발휘해보세요. 잠재력을 100% 발휘할 수 있는 곳입니다.

설득화법 Action Planning

■ 매력여성 화법

지금은 집안일도 부부가 분담하는 시대예요. ○○님이 집 안에만 얽

매어 있으니 혼자 짊어지는 거죠. 이렇게 지내다보면 참 나를 찾기 힘들어져요. 사회활동을 하며 자아를 실현해야 합니다. 그래야 중년 이후 당당하게 생활할 수 있어요. 또 직장생활을 하는 여성들을 보면 가정주부보다 옷맵시나 예의범절이 훨씬 뛰어나지 않습니까? 보험컨설턴트는 전문직 프리랜서로 한 곳에 얽매이지 않고 자유롭게 활동할 수 있어 좋습니다.

■ 멋진 인생 화법

자신만의 인생을 멋지게 가꿔야 합니다. 자녀들은 성장해 자신의 세계를 만들어가고 남편은 직장생활을 통해 사회적 지위를 쌓아갑니다. 그러나 가정에 홀로 남아 집을 지키는 자신을 생각해보세요. 자신의 인생도 중요하게 생각하고 가족에게 쏟는 정성만큼 자기 자신을 위해서도 노력하셔야죠. 집안일과 사회활동의 균형 있는 발전이 현대 주부에게 꼭 필요합니다. 일하는 여성으로 당당하게 외출해보십시오.

■ 중년위기 화법

막내가 초등학교에 입학할 때쯤이면 여성은 육체적으로나 정신적으로 허탈감을 맛보게 됩니다. "당신이 뭘 안다고 그래" 하는 남편이나 "엄만 우리를 이해하지 못해" 하는 아이들 말을 들으면 중년의 '외로운 둥지'를 느끼게 됩니다. 또 육체적으로 허약해져 마음은 더욱 병들어가지요. 하지만 지금부터라도 직업을 갖고 활동하신다면 남편에게 무시당하지 않고 자녀들로부터 소외되지 않는 당당한 커리어우먼이 될 수 있습니다.

■ 안성맞춤 화법

다른 직장은 활동시간이 고정되어 주부들이 다니기에 제약이 많습니다. 그러나 보험컨설턴트는 아침 출근시간과 저녁 귀소시간이 모두 남편의 출퇴근, 자녀의 등하교 시간과 중복되지 않게 짜여 있습니다. 또 집안에 경조사 등 급한 일이 있을 경우 쉰다고 해서 소득이 적어진다거나 하는 일은 없습니다. 비어 있는 낮 시간에만 활동하면 됩니다.

■ 가정 · 직장 병행 화법

저도 처음에는 그렇게 생각했습니다만 지금은 일을 훨씬 능률적으로 처리할 수 있게 되었습니다. 회사일과 가정일을 같이 하다보니 처음 며칠간은 힘들었지만 더 부지런히 활동하다보니 갈수록 익숙해지더군요. ㅇㅇ님과 같은 연령대 보험컨설턴트가 많은데 이것이 얼마든지 가사와 FC 활동을 병행할 수 있음을 입증하는 거죠.

■ 시간활용 지혜 화법

커리어우먼이라고 결코 집안일을 등한히 하지 않습니다. 오히려 더 열심히 일하는 가정주부가 많습니다. 보험영업이 이웃에 봉사하는 일이므로 활동하는 사이에 뿌듯한 보람을 느끼게 됩니다. 지금부터라도 더 나은 생활과 아이들의 미래를 위해서 없는 시간을 쪼개어 알뜰히 활용하는 지혜를 터득하셔야 합니다. 사람에 따라서는 하루가 48시간이 될 수도 있고 12시간이 될 수도 있는 법입니다.

■ 애들 공부(성장)에 지장이 있다

아직 애들이 어려서 못한다.

Coaching Point

이런 후보자에게는 자녀와 날마다 얼굴을 맞대고 있는 것보다 어렸을 때부터 독립심과 독자적 판단력을 키워주는 것이 올바른 성장에 훨씬 도움이 된다는 것을 설득력 있게 피력하는 화법 사용이 중요하다.

재치화법 Action Planning

- 아이들이 어리다고 생각하지 마시고 독립심을 길러주면서 ○○님만의 가치있는 생활을 찾을 필요가 있습니다.
- 엄마 품을 일찍 떠난 아이들이 책임감도 있고 더 똑똑한 것 같아요. 그것은 집 안에서 부지런하고, 사회에서도 활동하는 엄마가 자랑스럽게 보여 효도하려고 노력하기 때문이죠.
- 일하는 엄마의 모습은 자녀에게 산교육이 됩니다. 항상 자녀 곁에 있는 것만이 능사가 아닙니다. 자칫 마마보이로 만들어 훌륭한 사회인이 되는 데 걸림돌이 될 수 있습니다.
- 열심히 일하는 엄마의 모습을 보여주세요. 엄마가 일하는 모습은

커가는 자녀들에게 실천적인 교육이 될 겁니다.

설득화법 Action Planning

■ 자녀귀감 화법

아이 때문에 활동이 불가능하다고요? 저도 그것이 제일 걱정이었습니다. 그러나 지금은 아이들이 저를 이해하고 자기 일을 스스로 할 뿐 아니라 저를 많이 도와준답니다. 그리고 밖에서 활동하다보니 요즈음 아이들 사고방식을 알게 되더군요. 그래서 아이를 잘 이해해주는 엄마가 되었습니다.

■ 커리어우먼 화법

어렸을 때는 애들이 엄마 모습에 별로 신경 쓰지 않지만 중 · 고등학교에 가면 다른 엄마들과 비교한답니다. 우리 학교 다닐 때 생각해보세요. 선생님께서 학교에 엄마 모시고 오라고 말씀하실 때 머뭇거리던 일을 말이에요. 살림에 찌든 엄마 모습보다 당당히 사회생활을 하는 우아한 커리어우먼으로서의 엄마 모습이 더 좋지 않을까요?

■ 엄마자랑 화법

물론 처음에는 애들한테 신경 쓰이고, 애들도 엄마가 집에 있는 것을 좋아하지만 지나고 보면 애들도 엄마를 자랑스럽게 생각할 겁니다. 우리 엄마에게도 저런 면이 있냐고요. 또 자식들 뒷바라지 더 잘하려고 엄마가 사회활동을 하시는구나 생각해요. 자식들도 그 모습을 보면 더 열심히 공부하려는 마음이 생길 겁니다.

■ 자립심 화법

애들을 과잉보호하는 것은 좋지 않답니다. 자칫 마마보이(걸)가 될 수 있거든요. 요새 가정교육, 자녀교육에 대해 얼마나 말이 많아요. 힘들게 키워놓으면 부모 무시하고 나쁜 일이나 저지르고. 통계적으로 볼 때 부모가 사회활동을 하는 가정의 자녀가 그렇지 않은 가정의 자녀보다 더 올바르게 성장한다고 합니다. 자립심을 심어주기 때문이죠.

■ 신사고 화법

사회생활을 하면서 고객들과 대화하다보니 요즘 아이들의 사고방식을 알게 되고 이해할 수 있어 과거보다 쉽게 대화가 되어 가족과 보내는 저녁시간이 그렇게 유익하고 즐거울 수 없답니다. 부모와 대화가 잘 되는 가정의 자녀들치고 문제아가 되는 경우는 없습니다(사례 수집해 제시).

■ 산교육 화법

자녀들이 열심히 공부해서 좋은 대학을 나와 좋은 직장에 취직하여 훌륭한 사회인으로 성장하는 것이 부모들의 한결같은 희망이죠. 제가 이렇게 바쁘게 뛰며 활동하는 것도 아이들 장래에 관심이 있기 때문입니다. 저는 부모가 가족을 위해 열심히 일하는 모습을 보여주는 것도 가정교육이라고 믿습니다. 자녀에게 직접 무엇을 가르친다기보다는 스스로 해보고자 하는 마음이 생기게 부모로서 열심히 사는 모습을 보여주려고 최선을 다하고 있습니다. 이보다 훌륭한 산교육이 있을까요?

■ 오히려 화법

매스컴에 자주 보도되는 청소년문제 알고 계시죠? 그 애들은 대개 부모가 과잉보호해서 성격이 연약하고 감수성이 예민합니다. 저도 처음에는 걱정했는데 전혀 걱정할 필요가 없더군요. 오히려 제가 일하러 다닌 뒤로 독립심이 길러져서 하루가 다르게 정신적으로 성장하더군요.

■ 시테크 화법

애들이 유치원에 다닌다고요? 저는 우리 아이가 백 일 되었을 때부터 떼어놓고 다녔답니다. 지금 생각하면 참 잘했다는 생각이 들어요. 만약 그때 결심하지 않았으면 지금 우리 가정이 어떨까 하고. 남편도 항상 고맙게 생각하고요. 유치원에 보내고 난 다음 출근해서 활동하고 돌아가면 아이 오는 시간과 거의 맞을 거예요. 시테크를 잘하면 ○○님만의 유익한 시간을 얼마든지 효율적으로 만들 수 있어요.

체면과 오해로 말미암은 거절응대화법

■ 남의 이목이 두렵다

지인들의 반대가 심하다. 남에게 머리 숙이고 싶지 않다.

자존심이 상한다. 깔볼 것 같아 싫다.

Coaching Point

부와 명예를 함께 안을 수 있는 가장 매력적인 직업으로 각광받고 있음을 각종 자료를 제시하며 설명한다. 특히 '내 인생은 나의 것'이라는 자아실현과 뚜렷한 비전을 심어주는 것이 중요하다.

재치화법 Action Planning

- ○○님은 아직도 그렇게 생각하십니까? 미국에서 신랑감으로 가장 인기 있는 직업이 무언지 아세요? 바로 평생 고소득을 실현할 수 있는 보험에이전트입니다.
- 자존심이나 체면에 얽매이는 사람은 개성 있는 삶을 포기한 것입

니다. 대기업 사장도 퇴임한 후 보험영업을 하는 세상인데요. 저희 회사에는 국회의원 부인, 고위직 공무원 부인, 사장 부인 등이 많습니다.

- 현재 활동 중인 30만 명 이상의 보험컨설턴트는 체면이 없을까요? 저도 그렇지만 누구보다 당당히 활동합니다. 소득도 다른 직장인보다 많고요.
- 보험컨설턴트는 모든 세일즈맨의 우상으로 자리매김하고 있습니다. '내 인생은 나의 것'입니다. 다른 사람이 책임지지 않습니다. 떳떳하고 당당하게 활동하면 됩니다.
- 이젠 보험컨설턴트라는 직업을 우습게 보는 사람은 없습니다. 오히려 부러운 눈으로 본답니다.

설득화법 Action Planning

■ 자기책임 화법

자신을 책임질 사람은 아무도 없습니다. 주위 사람들에게 관심을 두는 것은 필요한 일이죠. 만약 ○○님 가정에 경제적으로 어려움이 생겼을 때 경제적으로 도움을 줄 사람이 얼마나 있을까요?

■ 무한신뢰 화법

요새는 연고영업으로 강권하거나 판매하는 사람은 없습니다. 고객도 아무리 친하다 해도 그냥 가입하지 않고요. 진정한 프로로서 존경을 받아야 보험세일즈도 할 수 있습니다. ○○님은 당연히 그런 분이 될 겁니다. ○○님 정도 능력이라면 세일즈 왕에 도전해볼 수 있을 겁니다.

■ 미래지향적 직업 화법

지금은 모든 산업이 세일즈가 기본입니다. 대통령도 세일즈하는 시대에 요새 세일즈 안 하고 되는 일이 어디 있습니까? 더구나 보험세일즈는 지식, 인격, 능력, 프로십, 이웃사랑 의식 등이 모두 어우러져야 하는 가장 미래지향적 직업입니다.

■ 금융주치의 화법

구걸은 '없으니까 남에게 베풀어달라'고 하소연하는 것인데 보험컨설턴트가 무엇이 부족해서 그러겠습니까? 제가 그렇게 영업하는 것 보셨어요? 보험컨설턴트는 아직 보험에 가입하지 않은 분들에게 가정의 행복보장 차원에서 재무설계를 해주면서 가장 알맞은 보험상품을 선택할 수 있게 솔루션을 제시하는 가정의 행복도우미로서 존경받는 고소득 전문직입니다. 특히 은행이나 증권의 PB처럼 효율적 자산운용 방법까지 제안해주는 금융주치의로 당당히 인정받고 있습니다.

■ 보험할 바에는 다른 일을 하겠다

다른 영업은 해도 보험은 못한다. 세일즈업 가운데 보험영업이 제일 어렵다는데. 중간에 그만두는 사람이 많다. 또 보험영업하기 싫다.

Coaching Point

경험이건 소문이건 보험컨설턴트에 대해 편견이 있으므로 먼저 왜 불신하는지 진의를 파악한 다음 설득하는 것이 중요하다. 인간관계를 만들면서 보험을 불신하는 원인부터 파악하여 제거한 다음 설득한다.

재치화법 Action Planning

- 혹시 ○○님께서는 안 좋은 경험이라도 있습니까? 보험에 대해 나쁜 경험이라도 있는지요?(당하셨나 보죠?)
- 참 ○○님도. 저를 보세요. 저 같은 사람도 하는데 그렇게 말씀하세요? 우리나라 세일즈업 중 최고소득직종임은 누구나 아는 사실입니다.
- 네! 저도 힘든 고비가 있었습니다만 저 나름대로 목표가 있어서 꾹 참고 일했습니다. 지금은 얼마나 좋은지 모릅니다.
- ○○님! 보험컨설턴트가 아무나 고소득을 올릴 직업이라면 지금 이 일에 모두 매달릴 것이고 주부들도 집에 있는 사람은 아마 한 명도 없을 겁니다.
- 중간에 포기하는 사람치고 하던 일을 좋았다고 얘기하는 사람은 없습니다.
- 어떤 일이나 마찬가지로 꾸준한 인내력이 필요합니다. 성급하게 생각하면 잘되는 일이 없죠. 꾸준히 정성을 기울이면 틀림없이 결실을 얻게 됩니다.

- 노력하지 않고 대가를 바라는 사람이 있습니다. 물론 자기 자신의 잘못이죠. 보험컨설턴트도 마찬가지입니다. 꾸준히 하지 않으면 잘 될 리 만무하죠.
- 세계적으로 유명한 분들 중 보험세일즈하는 분들이 많다는 것 아세요?(사례 제시)

설득화법 Action Planning

■ 직업알선 화법

그럼 ○○님께서는 어떤 일을 하고 싶으신데요. ○○님께서 다른 일을 하신다면 자본도 없이 이 직업만큼 고소득을 올릴 수 있겠습니까? 만약 좋은 방법이 있으시면 제게도 알려주세요. 이 직업보다 더 좋다면 저도 생각해보겠습니다.

■ 자기사례 제시 화법

저도 입사하기 전에는 보험에 선입견이 좋지 않았습니다. 제가 입사한다고 하니까 주위에서 말리더군요. 그 어려운 일을 왜 사서 하려고 하냐고요. 그런데 입사한 후 전문적으로 교육을 받으면서 보험의 진정한 가치와 필요성을 절실히 느꼈고, 이제는 저 스스로 사랑의 전도사라고 자부합니다. 정말 현명한 선택이었고, 이 일을 하게 된 걸 감사하게 생각합니다.

■ 만족 직업 화법

직장을 선택할 때 가장 중요한 것이 수입인데, 보험컨설턴트는 경제성 원칙에 비춰볼 때 그 어떤 직업보다 고소득 직업임을 아실 겁니다. 또 무엇보다 보람과 긍지를 느낄 수 있는 직업이어야 합니다. 거기에다 사회경험의 폭을 넓혀줄 수 있는 일이라면 더 말할 나위 없겠죠. 각 가정의 행복을 지켜주는 일을 담당하는 보험컨설턴트야말로 이러한 조건을 두루 만족시키는 보람찬 직업 아닐까요?

■ 메리트 시스템 화법

프랑스의 시라크 전 대통령이 '자기는 세일즈 대통령'이라고 선언할 정도로 현대는 세일즈 시대입니다. 그만큼 세일즈가 중요하기 때문이지요. 특히 보험세일즈는 본인이 능력만 있으면 얼마든지 수입을 올릴 수 있고 일한 만큼 대가를 받는 매력적인 직업입니다. 기왕 일을 하려면 보람도 있고 목표를 세워서 할 수 있는 이 일이 가장 좋다고 생각합니다.

■ 중도퇴직자가 많다고요?

물론 보험컨설턴트 활동이 쉬운 것만은 아닙니다. 또 상품을 공부하고 고객을 대하는 태도나 기술을 배워야 하기 때문에 완벽하게 활동하려면 최소한 6개월 이상은 걸립니다. 대개 그 이전에 퇴직한 분들이 그렇게 말씀하실 겁니다.

■ 직장인 화법

저도 직장생활을 해봤는데요. 보기에는 고정월급을 받기 때문에 편할 것 같지만 업무적으로나 인간관계에서 스트레스를 많이 받습니다. 직장인도 정년이 보장되지 않으므로 자기 직업이 좋다며 자녀에게 권하는 사람은 10% 정도도 안 된다고 합니다.

■ 다시 보험영업하기 싫다고요?

혹시 당시 ○○님께서 마음의 결정을 확실히 하지 않은 상태에서 다니셨기 때문이 아닐까요? 교육받다가 중도에 탈락하는 분들이 많은데 그분들은 대개 마음 자세가 아직 안 되었기 때문이지요. 지금은 그때와 사회인식이 많이 달라졌고 교육제도가 체계적으로 되어 있어서 스스로 활동할 때까지 가르쳐드립니다.

■ 보험세일즈 평이 좋지 않다

보험설계사 이미지가 별로 좋지 않다. 보험회사 다니면 유혹이 많다던데.
활동비가 많이 들어간다는데. 빚도 진다는데.

Coaching Point

낯선 사람을 상대하며 활동하는 영업 특성상 뜬소문으로 나쁜 선입관을 갖고 있는 경우에는 유치자 스스로 행동거지를 올바르게 하면서 본인의 예를 들어 그렇지 않음을 강하게 피력하는 것이 가장 효과적이다.

재치화법 Action Planning

- 아무나 보험회사에 입사하던 시대는 지났습니다. 우리나라 남자 대졸자의 최고 희망직종은 보험회사랍니다. 그만큼 좋아졌다는 증거 아닙니까?
- ㅇㅇ님, 저를 보세요. 자기 하기 나름이에요. 예전과 달라 요새 FC들은 사정하면서 보험을 권유하지 않아요. 평생 직업의식을 갖고 고객을 생각하면서 상품을 권유하죠.
- 요즘은 대졸자와 직장인뿐만 아니라 세무사, 변호사들도 보험컨설턴트로 제2인생을 출발하고 있습니다. 회사 임원의 부인이나 교수 부인, 의사 부인, 연예인이나 정치인의 부인 등 중류 이상의 생활을 누리는 부인들도 많이 근무하고 있습니다.
- 그건 뜬소문이에요. 남의 말 좋아하는 사람들이 하는 허튼소리입니다. 이미지가 나쁜 FC는 오래 활동하지 못해요.
- 일어탁수입니다. 안에서 새는 바가지는 밖에 나가도 샌답니다. 자질이 부족하고 평이 나쁜 사람은 조직사회에서 바로 탈락합니다.

설득화법 Action Planning

■ 인격 화법

ㅇㅇ님, 그건 잘못 알고 계시는 겁니다. 저를 보세요. 저에 대해 혹시 나쁜 소문 들어본 적 있으세요? 정말로 이미지가 나쁘면 이렇게 당당하

게 활동할 수 있겠습니까? 저는 ○년 동안 다니지만 아내로서 엄마로서 그리고 전문직업인으로서의 품위를 지키기 위해 철저하게 자기관리하며 생활하고 있습니다. 고소득 전문컨설턴트로서 당당하고 떳떳하게 대화하다보면 오히려 고객에게 존경받게 됩니다.

■ 최고 유망직종 화법

보험컨설턴트의 최대 장점은 샐러리맨과 달리 자신이 노력한 만큼 소득을 올리고 시간활용이 자유로운 선진국형 전문직종이라는 것이지요. 미국, 영국 등 선진국의 언론 매체들이 선정한 21세기 10대 유망직종으로 보험컨설턴트가 꼽혔습니다. 이런데도 나쁜 거예요?

■ 수호천사 이미지 화법

보험컨설턴트를 고객의 가정에 행복을 전달하는 수호천사라 하는데 이미지가 나쁘면 어떻게 행복을 전달하겠습니까? 그런 사람은 고객보다 자신을 먼저 생각하다보니 오래 영업하지 못하고 중도에 그만둡니다. 그래서 손해 본 고객들의 불평이 많을 거라고 생각합니다.

■ 자연의 법칙 화법

보험컨설턴트의 활동비 가운데는 고객관리비용이 가장 많은 액수를 차지합니다. 이젠 보험에 가입하지 않은 집이 없으므로 한 번 맺은 고객을 평생고객화해야 추가계약이나 소개계약도 나올 것 아닙니까? 그래서 고객의 경조사를 챙기다보면 솔직히 활동비는 좀 들어가지만 그 몇

배 이상의 소득효과를 볼 수 있습니다. 제 계약자 가운데 신계약을 ○○명 이상이나 소개해주신 분도 계시니까요. 뿌린 대로 거두는 것이 자연의 이치이지요.

■ 고소득 직업 화법

○○님, 실례지만 남편의 월급은 얼마인가요? 저를 비롯하여 보통 보험컨설턴트들의 한 달 평균 월급이 500만 원을 넘는데 어떻게 빚을 질 수 있습니까? 사촌이 땅을 사면 배가 아프듯 괜히 남 말하기 좋아하는 사람들이 하는 헛소리니 괘념치 마세요. 무자본으로 활동하고 내가 한 것만큼 소득을 보장받는데 왜 빚을 집니까. 우리나라 세일즈업 가운데 수입이 가장 많은 고소득 전문직입니다.

불안정으로 말미암은 거절응대화법

■ 매달 책임액이 있다는데

매달 영업목표가 있어서 건수 못 올리면 급여도 안 나온다던데.

책임액이 있어서 부담스럽다.

Coaching Point

매달 부여되는 책임액(업적, 목표)에 대한 부담감, 미달성에 따른 불안감 등이 중첩된 거절 유형이다. 가슴 한구석에는 다니고 싶은 잠재욕구가 있으므로 메리트 시스템의 장점과 최고의 고소득 직업임을 부각한다.

재치화법 Action Planning

- 능력에 따라 책임액을 주기 때문에 그렇게 걱정하지 않으셔도 됩니다. 책임액은 회사를 위해 있는 것이 아니고 보험컨설턴트 자신의 소득증대를 위해 있는 겁니다.

- 한 달 동안 활동하면 누구나 ○건 이상은 할 수 있습니다. ○○님, 그런 걱정은 안 하셔도 됩니다.
- 매일 출근하면서 활동하는 FC라면 누구나 달성할 수 있는 책임액을 준답니다. 달성하지도 못할 책임액을 주면 누가 합니까? 어차피 내 소득을 위해 직장생활을 하는 건데요.
- 책임액은 소득을 올리기 위한 목표로 생각하면 됩니다. 그렇기 때문에 많은 소득을 원한다면 큰 목표를 세우고, 적은 소득이라도 괜찮다면 그만큼 목표가 작으면 됩니다.
- 이 세상에 실적 없이 무조건 일정 급여가 주어지는 직업이 있나요? 뿌린 대로 거둔다는 말처럼 일한 만큼 소득을 거두어들이는 것이 세일즈의 매력 아니겠어요?

설득화법 Action Planning

■ 목표의식 함양 화법

세일즈 세계에서 책임액이 없는 직종은 없습니다. 세일즈업뿐만 아니라 은행원 등 실적 부담이 없는 직장이 어디 있겠습니까? FC는 여러 단계의 직급으로 나뉘어 고정급에 비례급을 합하여 수당을 받는데, 직급이 높은 사람에게는 수준이 높은 고정성 수당이 지급됩니다. 따라서 회사에서는 당연히 직급이 높은 사람에게는 많은 노력을 요구하는데, 실제로 책임액은 어려움을 느낄 정도로 많은 것이 아닙니다. 만약 책임액이 높아 달성하기 힘들었다면 모두 그만두었겠지요. ○○님, 책임액은 목표의식을 가지고 일하도록 자신을 스스로 격려하는 수단이라고 생각하면 됩니다.

■ 촉진제 화법

네, 물론이죠. 목표가 있어야 활동하게 되듯이 책임액은 계획성 있는 활동을 권장하기 위해 책정한 기준에 불과하답니다. 봉급생활자들은 편하게 월급받는 것 같죠? 그들도 다달이 해야 할 목표가 분명히 있고 또 책임져야 합니다. 책임액은 활동촉진제 역할을 하는 것에 지나지 않습니다.

■ 능력별 책임 화법

어떤 일을 할 때 확실한 목표가 있으면 일의 능률이 더 오르듯이 책임액도 활동 효과를 높이기 위해 필요한 겁니다. 목표는 저마다 능력에 맞게 실현가능한 책임액을 조정해주므로 그리 걱정할 필요는 없습니다. 열심히만 하면 얼마든지 달성할 수 있습니다.

■ 목표 설정 화법

하버드대학교에서 연구한 바에 따르면 성공인은 모두 자기 인생과 직업에 대해 뚜렷한 목표가 있었으며 목표가 없는 사람이 성공할 확률은 1%도 안 된다고 합니다. 그만큼 목표 설정이 중요함을 알려주는 것인데 어느 분야든 목표와 책임액은 다 주어집니다.

■ 소득증대 화법

보험컨설턴트는 자유직업이라 활동시간에 구애받지 않습니다. 그러다보니 자칫 활동을 등한시하게 되고, 업적이 적으면 소득이 적어집니다. 소득을 많이 올리기 위해서라도 책임이 있어야 합니다. 저희 회사의 경우 매달 책임액은 직급에 따라 다른데 그것을 하고 안 하고는 본인 마음이고 강제로 하라고는 하지 않습니다. 단지 기본 책임액을 못하면 소득이 많지 않죠.

■ 소득이 불안정해서 걱정된다

고정급여가 나오지 않고 급여가 정해져 있지 않아서 불안하다.

Coaching Point

고정급여는 시간에 얽매이는 샐러리맨에게만 지급됨을 알리면서, 자유직이면서도 전문직이라는 장점과 더불어 메리트 시스템의 장점을 잘 이해하게 설명한다.

재치화법 Action Planning

- 30만 명 이상의 보험컨설턴트 중 연봉이 1억 원 이상자가 무려 1만 명이 넘습니다. 의사, 변호사, 회계사 등 전문직업인이 전혀 부럽지 않은 직업입니다.
- 세일즈업 중 월평균 500만 원 이상 소득을 올릴 직업이 FC 말고 또

있을 것 같습니까? 무자본으로 하는 직업 중 이보다 좋은 직업은 없습니다.

- ○○님, 현재 직장인의 평균급여가 얼마나 된다고 생각하세요. 그들보다 소득을 훨씬 많이 올리고 있습니다. 저 또한 남부럽지 않은 소득을 올리고 있습니다.
- 수입은 활동량에 비례합니다. 자유직종 가운데 보험컨설턴트만큼 고수입을 올릴 수 있는 직업은 없습니다. 한번 도전해볼 만한 충분한 가치가 있는 일입니다.
- 경제성 원칙에 비추어볼 때 특수전문직 말고는 시간당 발생 수입이 우리나라에서 가장 많은 직업입니다.
- 급여봉투를 받으면 소득이 늘어나는 것을 금세 알 수 있습니다. 무자본으로 하는 직업 중 이보다 좋은 직업은 없습니다.

설득화법 Action Planning

■ 효용최대 화법

소득이 불안하다는 이야기는 옛말이에요. 세일즈업 가운데 경제원칙에 비춰볼 때 보험컨설턴트보다 투자 시간 대비 고소득을 올리는 직종은 없습니다. 의사나 변호사에 버금가는 고소득 직업입니다. 저도 현재 이 정도 급여를 받고 있습니다(자기 급여명세서 제시).

■ 표준활동 화법

업적에 따라 소득이 올라가기도 하고 내려가기도 하니까 소득이 조금 불안정한 것도 사실입니다. 그러나 업적이 한두 달 저조하다고 소득도 함께 떨어지는 것은 아닙니다. 소득은 얼마나 꾸준히 업적을 올렸으며 계약 유지가 잘되느냐에 따라 결정되기 때문입니다. 또 입사 초기에는 최저보장을 해주기 때문에 활동만 열심히 하면 안정된 소득을 기대할 수 있습니다. 고정월급을 주는 직장에서도 출근이 들쑥날쑥 불안정하면 월급이나 신분이 보장될 수 있겠습니까? 표준활동을 하면 안정된 소득이 보장됩니다.

■ 능력우대 화법

ㅇㅇ님, 우리 회사 ㅇ년 이상 근무한 보험컨설턴트들의 월소득이 얼마인지 아세요. 자그마치 700만 원이 넘어요. 연봉이 1억 원 이상인 FC들도 많지요. 기업체 사장이나 의사보다 더 받는 분들이 많답니다. 그만큼 능력이 있으면 우대받는 멋진 직업이에요. 이런 전문직업, 이 기회 아니면 입사하기 힘들어요.

■ 배우자 소득 우위 화법

맨 처음 회사에 나와 표준활동을 하면 최소 ㅇㅇㅇ만 원은 드려요. 그리고 교육을 받고 활동하다보면 계약이 체결되고 그게 쌓이면 급여가 점점 더 불어나죠. 아마 1년 후에는 ㅇㅇ님 소득이 남편(또는 사회활동을 하는 사모님)보다 훨씬 많을 겁니다. 실제로 FC들은 배우자보다 대부분 소득이 더 많답니다.

■ 최고 직업 화법

자유직업으로서 보험컨설턴트만큼 수입을 많이 얻을 수 있는 직업은 그다지 많지 않습니다. 손꼽아보면 의사, 약사 등과 같이 특수한 자격이나 기술을 가진 직업 정도뿐입니다. 보험세일즈야말로 높은 수익을 올릴 수 있는, 누구나 한번 해볼 만한 가치가 있는 직업이라 할 수 있습니다.

■ 월급봉투설명 화법

○○님, 제 한 달 소득이 얼마나 될 것 같습니까? (월급봉투를 보여주면서) 이건 제 지난달 월급봉투인데요. 한 달 소득이 ○○○만 원 정도 됩니다. 저보다 근무경험이 많고 더 열심히 하는 분들은 소득이 훨씬 많죠. 대기업 간부사원이 부럽지 않은 소득이랍니다. 저도 이렇게 소득을 올렸는데 ○○님이 못한다면 말이 안 되죠. 저보다 훨씬 잘하실 것 같은데요.

■ 자기사업 화법

보험컨설턴트는 자유직업종사자이기 때문에 자본 없이 자기사업을 하는 것과 마찬가지죠. 따라서 자기사업을 맨 처음 시작하는 사람들이 기대감 반 불안감 반으로 시작하듯 ○○님도 그런 생각이 들 겁니다. 그러나 '만사는 마음먹기에 달렸다'는 말과 같이 ○○님께서 어떻게 마음

먹고 활동하느냐에 따라 소득을 많이 올리느냐, 그렇지 못하느냐가 좌우된다고 할 수 있습니다. 긍정적으로 '할 수 있다. 소득을 꼭 많이 올려야겠다'는 자신감을 가진다면 저보다 높은 소득을 단시일 안에 올릴 수 있으리라고 확신합니다.

■ 자유직업 화법

물론 고정급여가 나오지 않아 수입이 불안정할 것 같다는 말씀은 이해합니다. 그러나 ○○님도 아시다시피 직장인은 한 달에 ○○만 원 받고 아침부터 저녁 늦게까지 근무합니다. 그런데 보험컨설턴트는 얼마나 자유롭게 활동할 수 있습니까? 또 소득도 높고요. 경제전문가가 저절로 돼 가계 자산형성에 큰 보탬이 되고요. 이런 좋은 직업은 정말 없습니다.(자신감 있게 말한다.) 자유롭게 활동하면서 고소득을 올릴 직장은 없습니다.

■ 지금 부업을 하고 있다

전직하기 싫다. 다른 세일즈업을 하고 있다.

Coaching Point

가정형편이 넉넉하지 못해 부업을 하므로 현재 하는 부업 이상의 소득을 올릴 직업이 생기면 언제라도 옮길 선택의 여지가 있다. 안정되게 고소득을 올릴 수 있는 평생직장이라는 확신을 심어주는 화법을 전개한다.

재치화법 Action Planning

- 활동시간도 자유롭고 소득도 많으면서 당당하게 평생 다닐 수 있는 매우 매력적인 직업입니다.
- 그 어떤 부업보다 전문가로서 대접을 확실하게 받으면서 소득을 더 많이 올릴 수 있는 고소득 전문직입니다.
- 자녀 학자금과 탁아비 지급, 신용대출, 무료건강진단 등 복리후생 제도가 잘되어 있어 부업하는 것보다 훨씬 좋습니다. 자긍심도 생기고요.
- 다른 세일즈업은 단순히 제품을 판매하는 일에 지나지 않지만 보험 영업은 고객의 재무와 건강 등 인생 전반을 폭넓게 관리해주는 일이라 보람도 크고 비전도 좋습니다.
- 평생 영업이 가능한 직업을 당연히 선택하셔야지 왜 미래 기약이 없는 부업을 하세요?

설득화법 Action Planning

■ 평생 전문직업 화법

지금 하시는 일을 ㅇㅇ님께서 은퇴 이후에도 계속할 수 있겠습니까? 만약 얼마 동안만 하다가 그만둘 수밖에 없을 것 같다면 그때 가서 또 다른 부업을 찾아야 하지 않을까요? 부업도 좋지만 평생 편히 다닐 수 있는 확실한 전문직업이 필요합니다.

■ 평생 고소득 직업

부업은 수입이 불안정하고 평생 할 수 없습니다. 노동조건도 매우 나쁘죠. 또 파트 타임은 보통 사람들이 싫어하는 잡다한 일을 시키는 경우가 많으므로 장시간 일을 계속하면 자칫 건강을 해칠 수 있습니다. 그렇지만 보험컨설턴트는 시간도 비교적 자유롭게 활용할 수 있고, 본인 의지와 노력에 따라 얼마든지 높은 수익을 올리면서 평생 일할 수 있는 최고로 좋은 직업입니다.

■ 복리후생 화법

부업을 하다보면 자신이 올린 고정급 외에는 다른 소득이 없고 복리후생제도도 없을 겁니다. 하지만 보험컨설턴트는 일한 만큼 소득을 올릴 뿐만 아니라 국민연금, 자녀학자금 지급, 경조비 지급, 종합건강진단 무료서비스 등 대기업의 일반사원 못지않은 각종 복리후생제도가 잘 구비되어 있습니다.

■ 직장에 다니고 있다

봉급생활을 한다. 고정급여가 나온다. 전직하기 싫다.

Coaching Point

샐러리맨은 자기 능력대로 소득을 더 많이 올리는 데 한계가 있고 은퇴한 뒤에는 현재의 일을 할 수 없다는 단점을 부각하면서 보험컨설턴트는 시간에 구애받지 않고 자유롭게 활동하면서도 최고의 고소득을 올릴 수 있는 매력적인 직업임을 집중 부각하고 상기시킨다.

재치화법 Action Planning

- 지금 일터에서 은퇴한 이후에도 일을 계속할 수 있습니까? FC는 평생 고소득을 실현할 수 있는 유일한 전문직입니다.
- 정년퇴직 후 좋은 일자리가 별로 없는 남자들에게 평생 일할 수 있는 정말 최고 좋은 고소득 직업입니다.
- 보험컨설턴트의 가장 좋은 점은 시간활용이 자유로워 자기 시간을 얼마든지 관리하며 평생직업으로 생활할 수 있다는 것입니다. 직장의 갑갑한 테두리에서 벗어나 활동적으로 생활하는 것이 스트레스도 받지 않고 좋지 않을까요?
- 저도 직장 다니다가 그만두고 보험컨설턴트를 하는 거예요. 남자(여자)에게는 매우 매력적인 고소득 전문직업입니다.
- 전직을 전제로 하는 것은 아닙니다. 훌륭한 일이 있는데 한번 들어보시라는 겁니다. ○○님께는 인생에 터닝 포인트가 될 대단히 큰 기회일 수도 있습니다.
- 제가 만났던 분들은 대부분 한두 번쯤 전직을 생각해본 적이 있다고 하더군요. 평생직장 개념이 사라진 요즘 전직을 전혀 생각해보지 않으셨다는 분은 ○○님이 처음입니다.
- 보험컨설턴트는 시간에 구애받지 않고 자유롭게 활동하면서도 평

생 고소득을 받을 수 있는 전문직업이기 때문에 직장인보다 여러모로 유리합니다.

설득화법 Action Planning

■ 터닝 포인트 화법

이 세상에서 중요한 두 가지가 무언지 아십니까? 바로 가정과 직장인데요. 가정은 경제라는 마중물을 먹고 행복을 만듭니다. 특히 장수시대에는 평생직업을 가져야만 가계가 윤택해지는데, 샐러리맨에게는 은퇴 후에도 직장생활을 하는 것이 그야말로 그림의 떡이라 할 수 있습니다. 젊으신데 FC로 새 출발하여 평생 고소득 직업의 꿈을 실현해보십시오. 날마다 의욕이 샘솟고 새로운 인생이 펼쳐질 겁니다.

■ 현실인정 화법

다람쥐 쳇바퀴 돌 듯 아침 일찍 출근해 저녁에 퇴근하고, 사무실에서 간부사원 잔심부름(차, 복사, 타이핑, 은행 다녀오기 등)하다보면 '왜 나는 이런 일만 하는가?' 하며 후회할 때도 있을 거예요. 이젠 여자도 능력에 따라 정당하게 대접받고 떳떳하게 살아야 합니다.

■ 후회 화법

제가 아는 FC 한 분도 ○○님같이 △△회사에 다니다가 얼마 전 그만두고 오셨는데 "왜 진작 직장생활을 그만두지 못했나?" 하면서 간혹 푸

념조로 이야기한답니다. 월급도 훨씬 더 많죠. 입사 동기는 팀장이 되었는데 말단사원이죠. 또 아침부터 저녁 늦게까지 자리 지키면서 일하는 것도 아니고, 윗사람 눈치 볼 일도 없고 마음대로 활동할 수 있으니까요. 요새 젊은이들이 많이 이직해서 온답니다. 이런저런 것 신경 안 쓰고, 시간활용도 자유롭고, 남 눈치 안 보고, 소득도 많고, 즐겁게 일할 수 있어 얼마나 좋은지 모릅니다.

■ 알파걸, 알파맨 화법

- 요샌 똑 소리 나게 일을 잘하는 알파걸들도 FC로 많이 활동하고 있어요. 평생 다녀도 제대로 진급하지도 못하는데 누구나 일한 만큼 똑같이 대접받는 보험컨설턴트가 돼보세요.
- 젊은이들이 꿈꾸는 알파맨 직장으로 부각되고 있습니다. 그만큼 고소득 직업으로 매력적이라는 사실입니다.

■ 비교우위 선택 화법

전직을 고려해보지 않으셨다는 것은 현재 하는 일이 만족스럽다는 의미겠지요? 그러면 현재 회사에서 장래가 매우 밝다고 느끼십니까? 정년까지 근무할 계획이신가요? 좋아하는 일을 하면서 자아를 실현한다는 것은 중요합니다. 그렇다면 지금처럼 일에 대한 보람도 느끼면서 일한 만큼 수입을 확실히 더 많이 얻을 수 있다면 어떻게 하시겠습니까?

■ 자기 사례제시 화법

저도 ○년 전에 ○○님처럼 스카우트 제의를 받았을 때 영업은 싫다고 말했던 것을 기억합니다. 그런데 저는 전직했고 지금은 정말 현명한 결정이었다고 생각합니다. 조그만 틀에 갇혀 지내는 단조로운 생활에서 벗어나 자유롭게 활동하다보니 일에 보람도 있고 수입도 훨씬 좋습니다. 그리고 인생에서 제 꿈이 조금씩 실현되고 있습니다. 그래서 저는 정말 결정을 잘했다고 생각하는데, ○○님, 제가 어떻게 이런 결정을 하게 되었는지 궁금하지 않으십니까?

■ 좀 생각해보겠다

아직 생각해보지 않았다.

Coaching Point

일할 마음은 있는데 주위 여건과 본인 마음이 아직 정리되지 않아 결정하지 못하고 망설이므로 보험컨설턴트로 왜 지금 입사해야 하는지, 무엇이 도움이 되는지를 객관적인 자료를 제시하면서 설명하여 다니고 싶은 욕구를 표출하도록 이끈다.

재치화법 Action Planning

- 입사 여부는 다음에 결정해도 됩니다. 쇼핑하러 가는 가벼운 마음으로 저와 함께 지점으로 나가보지 않으시겠습니까? 견학한다고 생각하십시오.

- 이번에 입사하면 혜택이 많습니다. 그러면 일단 회사 구경만 해보세요. 생각하다가 아까운 시간만 갑니다. 이 기회에 떳떳한 직장 한 번 마련해보세요.
- 정년도 없고 명예퇴직도 없으면서 급여도 자기가 일하는 만큼 받는 좋은 직업이 있는데 왜 망설이십니까?

설득화법 Action Planning

■ 칭찬 화법

○○님을 본 순간부터 ○○님이라면 대단히 잘할 것이라고 생각했습니다. 누구에게나 환영받을 분은 그렇게 많지 않습니다. ○○님이라면 제가 자신 있게 동료들에게 소개할 수 있을 것 같습니다. 내일 제가 모시러 올 테니 지점에 한번 가시지 않겠습니까?

■ 실천 화법

FC는 지금까지 일했던 곳과는 다른 미지의 일터이기 때문에 망설이는 점은 이해합니다. 그래서 오리엔테이션을 병행하는 입사환영회에 참석하여 보험에 대해 더 알아본 다음 입사를 하고 안 하고는 그때 결정하셔도 됩니다. 그러나 분명한 것은 망설여서 되는 것은 아무것도 없다는 사실입니다.

■ 신속 결정 화법

무슨 일을 하든지 실행에 옮기기 전 이것저것 생각하다보면 걸리는 것도 있어서 포기하는 경우가 있습니다. 그러나 일단 실행하고 보면 '왜 그렇게 망설였을까?'라고 자책하기도 하죠. 또 그냥 지나쳤으면 '왜 그 때 하지 않았을까?' 하면서 반성하게 된답니다. ○○님, 두 눈 딱 감고 결정하세요. 특히 이번 기회에 입사하면 혜택이 아주 많습니다. 모든 것은 때가 있는 법인데 지금이 ○○님께 주어진 그때입니다.

중앙경제평론사 Joongang Economy Publishing Co.
중앙생활사 | 중앙에듀북스 Joongang Life Publishing Co./Joongang Edubooks Publishing Co.

중앙경제평론사는 오늘보다 나은 내일을 창조한다는 신념 아래 설립된 경제 · 경영서 전문 출판사로서
성공을 꿈꾸는 직장인, 경영인에게 전문지식과 자기계발의 지혜를 주는 책을 발간하고 있습니다.

고객 거절을 OK로 만드는 실전 대화법 〈최신 개정판〉

초판 1쇄 발행 | 2015년 6월 8일
초판 3쇄 발행 | 2019년 11월 15일
개정초판 1쇄 인쇄 | 2024년 4월 20일
개정초판 1쇄 발행 | 2024년 4월 25일

지은이 | 김동범(DongBeom Kim)
펴낸이 | 최점옥(JeomOg Choi)
펴낸곳 | 중앙경제평론사(Joongang Economy Publishing Co.)

대　표 | 김용주
편　집 | 한옥수 · 백재운 · 용한솔
디자인 | 박근영
인터넷 | 김회승

출력 | 삼신문화　종이 | 에이엔페이퍼　인쇄 | 삼신문화　제본 | 은정제책사

잘못된 책은 구입한 서점에서 교환해드립니다.
가격은 표지 뒷면에 있습니다.

ISBN 978-89-6054-331-7(03320)

등록 | 1991년 4월 10일 제2-1153호
주소 | ㊥ 04590 서울시 중구 다산로20길 5(신당4동 340-128) 중앙빌딩
전화 | (02)2253-4463(代)　팩스 | (02)2253-7988
홈페이지 | www.japub.co.kr　블로그 | http://blog.naver.com/japub
네이버 스마트스토어 | https://smartstore.naver.com/jaub　이메일 | japub@naver.com
♣ 중앙경제평론사는 중앙생활사 · 중앙에듀북스와 자매회사입니다.